Una parola tira l'altra 1

Attività ed esercizi di vocabolario

I edizione
© Copyright 2005 Guerra Edizioni - Perugia

ISBN 88-7715-875-1

Progetto Grafico
salt & pepper _Perugia

Guerra Edizioni Edel srl - Perugia
via Aldo Manna, 25 - Perugia (Italia) - tel. +39 075 5289090 - fax +39 075 5288244
e-mail: info@guerraedizioni.com - www.guerraedizioni.com

Luciana Guglielmino - Emanuela Paterna

Una parola tira l'altra 1

Attività ed esercizi di vocabolario

Guerra Edizioni

Aa Bb
Cc Dd

Indice

Presentazione

Una parola tira l'altra 1 si propone come un testo di supporto alle lezioni
di lingua, indipendentemente dal metodo utilizzato, per l'apprendimento
e la memorizzazione di termini ed espressioni che possano favorire una
comunicazione di base in lingua italiana.

Questo libro è rivolto a studenti stranieri che affrontano lo studio dell'italiano
per la prima volta o con una minima conoscenza della lingua, ma anche a tutti
coloro che, vivendo o viaggiando in Italia, hanno bisogno di un vocabolario utile
alla loro "sopravvivenza".

Il testo è suddiviso in 22 unità tematiche (es: *Descrizione fisica, I pasti e la
cucina, La casa, Le attività quotidiane, Il tempo libero*), il cui obiettivo è di
presentare il vocabolario di base e le espressioni utili nelle diverse situazioni di
vita quotidiana, favorendo così la comunicazione.

Per ogni argomento sono indicate solo le parole più importanti, quelle
ritenute essenziali per una conoscenza di base della lingua italiana. Tuttavia,
non si tratta di un semplice dizionario, il lessico relativo al tema non viene
solo elencato, ma anche presentato attraverso brevi descrizioni, piccoli
paragrafi o minidialoghi facili anche dal punto di vista grammaticale. Inoltre,
l'associazione di vocaboli e disegni favorisce un più immediato processo
di apprendimento e memorizzazione, rendendo il testo chiaro anche nelle
situazioni di autoapprendimento e senza la necessità di alcuna traduzione.

Ogni unità è corredata di esercizi ed attività che coinvolgono le diverse abilità
comunicative, come ad esempio produzioni orali e scritte, che consentano agli
studenti di riconoscere e fissare i nuovi vocaboli riutilizzandoli in contesti più
personali.

Tutte le attività del libro propongono un approccio ludico allo studio. La veste
grafica, divertente ed accattivante, così come le attività di studio e la presenza
di veri e propri giochi come cruciverba o anagrammi, contribuiscono a tenere
sempre alti l'interesse e la motivazione dello studente favorendo così una più
facile ed efficace memorizzazione.

Il materiale didattico raccolto in questo testo è stato anche sperimentato in
classe con studenti che hanno spesso suggerito nuovi termini da inserire.

Una parola tira l'altra 1 ha una struttura molto semplice e chiara e per
questo motivo può essere utilizzato sia da studenti e insegnante in classe
sia per lo studio individuale a casa, grazie anche alle soluzioni degli esercizi
riportate alla fine del volume.

A tutti gli studenti e insegnanti auguriamo buon lavoro e …buon divertimento!

Le autrici

Unità 1
Incontri  saluti, presentazioni ed auguri

Incontrarsi

formale

- **Buongiorno**, signor Conti, **come sta**?
- > **Bene**, grazie, e **Lei**?
- **Molto bene**, **grazie**.

- **Buonasera**, signora Martini, **come va**?
- > **Abbastanza bene**, grazie, e **Lei**?
- **Non c'è male**, grazie!

amichevole

- **Ciao**, Marco, **come stai**?
- > **Benissimo**, grazie, **e tu**?
- **Bene**, grazie.

- **Salve**, come va?
- > **Così così**.

- **Ciao** Emma, **tutto bene**?
- > **Sì**, **tutto a posto**, grazie.

Dire arrivederci

formale

- **ArrivederLa**, signor Conti, **a presto!**

- **Arrivederci** signori Martini, **a domani**.

amichevole

- **Ciao** Marco, **a più tardi!**
- > **Arrivederci!**

- > **A presto, ci vediamo/sentiamo**
- **A dopo**!

"Tu" o "Lei" ?

"Tu" è usato in un contesto non formale o amichevole (famiglia, amici, colleghi di lavoro).
"Lei" è usato in un contesto formale.

Buona giornata!
Buon pomeriggio!
Buona serata!
Buon fine settimana!
Buona notte! Sogni d'oro!
Buon divertimento!
Buon appetito!
Buone vacanze!
Buon viaggio!

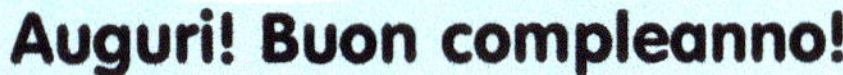

Buon Natale!

Buon Anno!

Presentarsi

formale

12

amichevole

Esercizi

1) Completa i dialoghi.

1. Sono le otto di sera. Il signor Pasotti incontra la signora Moretti.

- _______________________ signora Moretti, _______________________?
- \> _____________ bene, grazie, e _____________?
- Così _____________ .
- \> ArrivederLa!
- _______________________!

2. Sono le dieci del mattino. Marco incontra Andrea all'università.

- _____________ Andrea!
- \> _____________ Marco, _______________________?
- Non _______________________________________, e tu?
- \> Bene, _____________ .
- _____________ Andrea!
- \> _____________ più tardi.

3. Luigino incontra la sua vicina di casa, la signora Ricci, alle nove del mattino.

- _____________ , signora Ricci!
- \> _____________ Luigino, _______________________ ?
- Bene, _____________ , e _____________?
- \> _____________, grazie. _____________ , Luigino!
- _____________ !

2) Rispondi con un augurio.

1. «Andiamo a teatro stasera!»

____

2. «È tardi, vado a letto!»

____

3. «Ho un esame di tedesco giovedì.»

____

4. «Finalmente è venerdì»

____

5. «Partiamo per Roma sabato.»

____

6. «È il 25 dicembre.»

____

7. «Siamo seduti a tavola.»

____

3) Scegli la spiegazione corretta.

1. «Molto lieta!»
a) Luisa non conosce Roberto.
b) Roberto è un amico di Luisa.

2. «In bocca al lupo!»
a) Claudia ha un esame.
b) Claudia va in montagna.

3. «Buon appetito!»
a) Siamo pronti a partire.
b) Siamo seduti a tavola.

4. «Ciao, tutto a posto?»
a) Paolo saluta il suo professore di fisica.
b) Paolo saluta il suo amico Fabio.

5. «Congratulazioni!»
a) Giulia parte per Parigi.
b) Giulia si sposa.

6. «Le presento il signor Berti.»
a) Tu presenti il signor Berti al tuo amico Gianni.
b) Tu presenti il signor Berti al direttore.

4) Trova le parole nascoste.

A	L	B	P	O	A	G	I	R	D	T	M	E	C	T
O	V	E	A	R	R	I	V	E	D	E	R	C	I	S
I	U	I	M	A	E	Z	O	P	G	E	U	F	V	O
G	C	N	Z	I	S	T	R	A	C	G	D	B	E	G
G	Q	I	D	S	A	F	T	A	D	I	R	E	D	N
A	E	B	U	O	N	G	I	O	R	N	O	L	I	I
I	V	G	S	C	O	P	V	U	N	T	A	M	A	D
V	H	E	O	I	U	L	G	U	S	A	Q	B	M	O
N	D	U	M	S	B	U	A	E	H	A	N	T	O	R
O	P	L	O	O	A	G	R	M	D	Z	L	O	R	O
U	A	T	N	C	C	P	Q	E	U	F	I	V	U	A
B	L	I	E	T	A	M	D	O	L	A	G	U	E	B

arrivederci - ciao - buongiorno - ci vediamo - così così - buonanotte - sogni d'oro - buon viaggio - a presto - buonasera - piacere - lieta - salve - grazie - come va? - auguri

Unità 2

A scuola

A scuola

- Sai che **frequento** un corso di inglese?
- › Davvero?
- Sì, in una scuola di lingue.
- › E ti piace?
- Moltissimo. Abbiamo un'**insegnante madrelingua** molto brava e simpatica, che **spiega** bene. Durante le **lezioni leggiamo**, **ascoltiamo le cassette**, **ripetiamo**, **scriviamo** e parliamo molto. Qualche volta ho difficoltà a **memorizzare** le **parole** nuove, ma mi diverto e **imparo**.

insegnare

spiegare

studiare

imparare

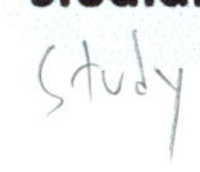

leggere

scrivere

ascoltare

fare i compiti

Insegnante:	Buongiorno ragazzi, siete tutti presenti?
Studenti:	Sì.
Insegnante:	Bene, allora possiamo cominciare la lezione. **Aprite il libro a pagina** 24.
	Paul e Jane, **leggete il dialogo**.
	… Bravi ragazzi, ottima **pronuncia**! Adesso, tu Peter **rispondi alle domande**.
Peter:	Scusi, **non ho capito**, **può ripetere**, per favore?
Insegnante:	Certo! A pagina 24, dopo il dialogo, ci sono alcune domande e tu devi rispondere.
Peter:	Ah, va bene, adesso ho capito!
Insegnante:	… Ora **ascoltate la cassetta**!
	… Ci sono problemi?
Peter:	**Non capisco**, per me è troppo veloce!
Jane:	Peter, non capisci mai niente!
Insegnante:	Non ti preoccupare Peter, è normale avere questi problemi… Ascoltate **ancora una volta**!
	… Ragazzi, la lezione è finita, ci vediamo la prossima settimana.
Paul:	Ci sono **compiti** per casa?
Insegnante:	Sì, **fate gli esercizi** 4 e 5 a pagina 67.

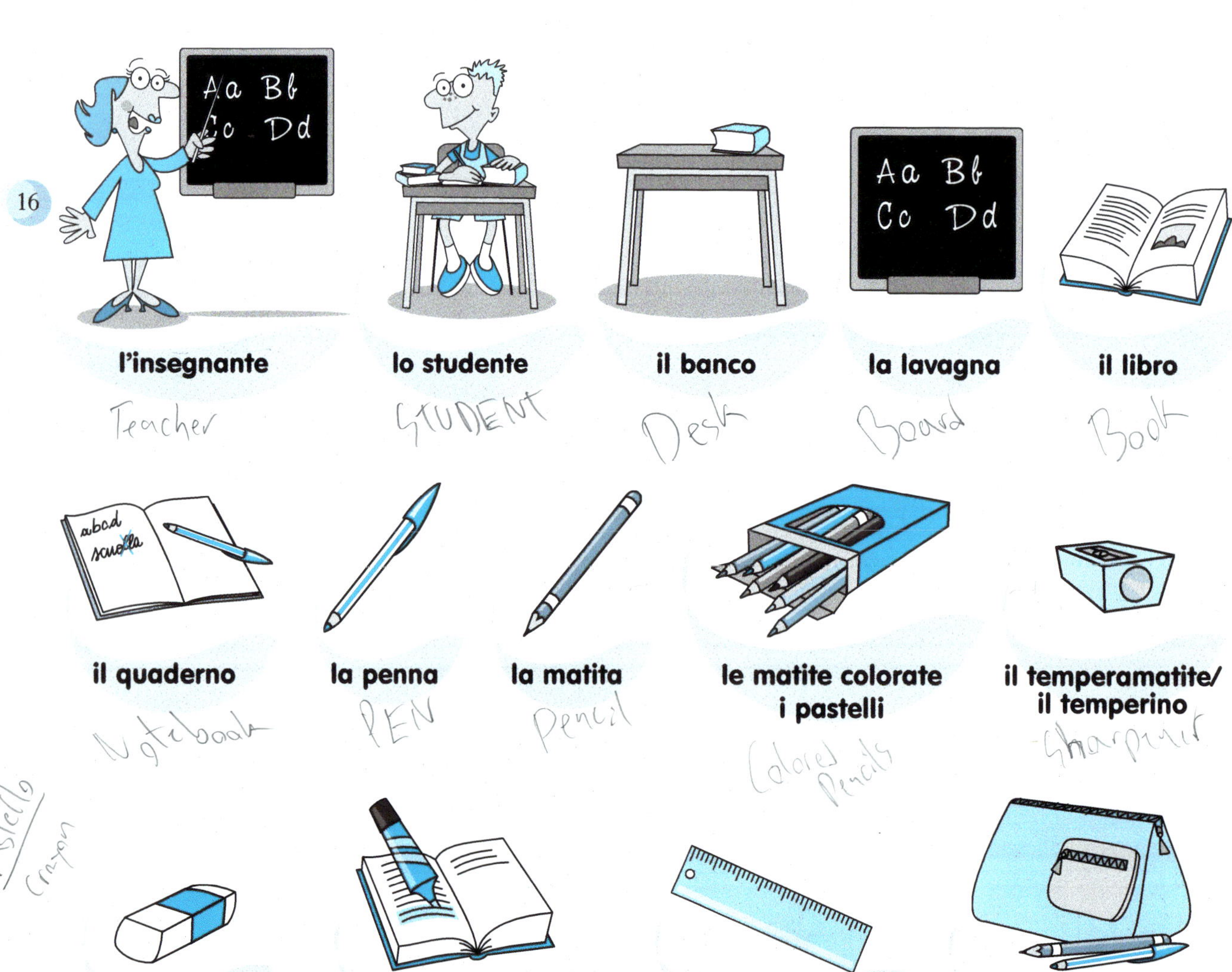

l'insegnante **lo studente** **il banco** **la lavagna** **il libro**

il quaderno **la penna** **la matita** **le matite colorate / i pastelli** **il temperamatite/ il temperino**

la gomma **l'evidenziatore** **il righello** **il portapenne**

16

per l'insegnante

- Ascolta/ascoltate
- Leggi/leggete (a voce alta)
- Ripeti/ripetete
- Rispondi/rispondete (alle domande)
- Scrivi/scrivete
- Apri/aprite il libro a pagina…
- Fai/fate l'esercizio
- Completa/completate le frasi
- Capisci?/capite?
- Hai capito?/avete capito?
- Ancora una volta
- Tutti insieme
- È giusto/corretto
- È sbagliato/non è corretto
- C'è un errore

per lo studente

- Capisco/non capisco
- Ho capito/non ho capito
- Come?
- Puoi/può ripetere per favore?
- Puoi/può parlare più lentamente, per favore?
- Come si dice…?
- Come si pronuncia…?
- Come si scrive…?
- Cosa significa…?
- Cosa vuol dire…?
- Scusa/scusi, posso fare una domanda?

La punteggiatura

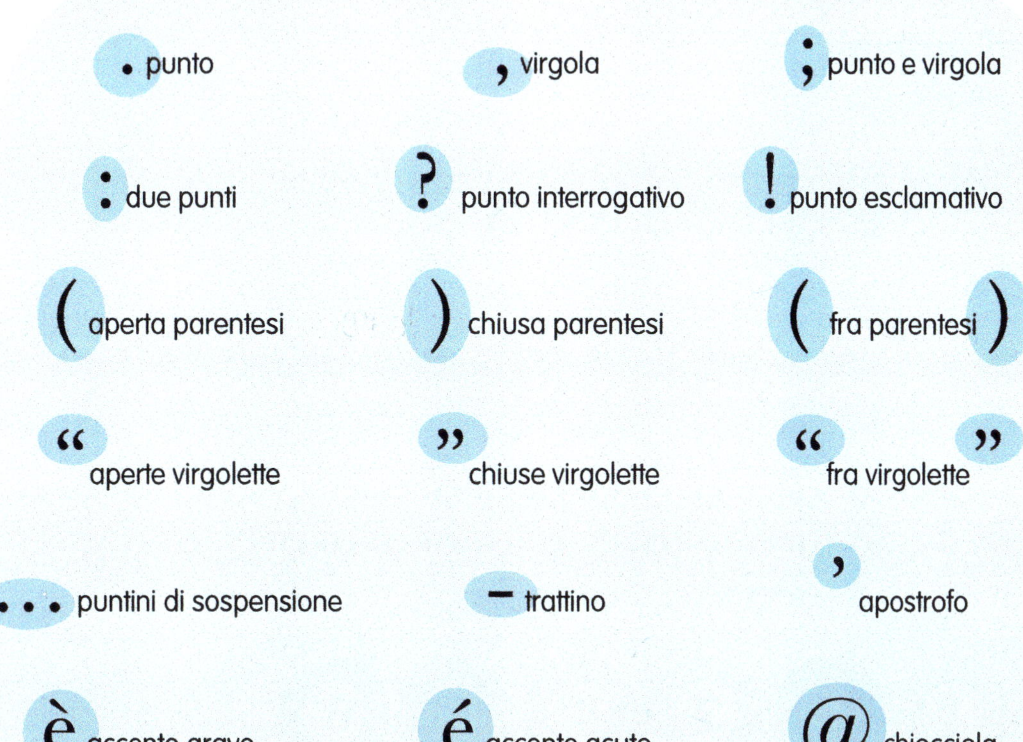

I numeri cardinali

1	uno	22	ventidue
2	due	23	ventitré
3	tre	24	ventiquattro
4	quattro	25	venticinque
5	cinque	26	ventisei
6	sei	27	ventisette
7	sette	28	ventotto
8	otto	29	ventinove
9	nove	30	trenta
10	dieci	40	quaranta
11	undici	50	cinquanta
12	dodici	60	sessanta
13	tredici	70	settanta
14	quattordici	80	ottanta
15	quindici	90	novanta
16	sedici	100	cento
17	diciassette	200	duecento
18	diciotto	1.000	mille
19	diciannove	2.000	duemila
20	venti	1.000.000	un milione
21	ventuno	2.000.000	due milioni

I numeri ordinali

1°	primo	12°	dodicesimo
2°	secondo	13°	tredicesimo
3°	terzo	14°	quattordicesimo
4°	quarto	15°	quindicesimo
5°	quinto	16°	sedicesimo
6°	sesto	17°	diciassettesimo
7°	settimo	18°	diciottesimo
8°	ottavo	19°	diciannovesimo
9°	nono	20°	ventesimo
10°	decimo	21°	ventunesimo
11°	undicesimo	30°	trentesimo

1) Completa le frasi.

1. Ragazzi, _________________ la cassetta e ripetete le frasi.
2. Scusa, cosa _________________ "righello"?
3. Il mio insegnante _________________ molto bene, le sue lezioni sono sempre chiare.
4. Paola e Andrea, leggete a _________________ alta il dialogo!
5. Questa frase è sbagliata, c'è un _________________ .
6. Scusi, può _________________ ? Non ho capito!

2) Trova gli errori.

1. Hai un temperamatite? Devo temperare la mia penna.
2. Scusi, posso fare una risposta?
3. Lorenzo prende un corso di francese.
4. Giulia e Fabio, fate il quaderno a pagina 45.
5. Scusi, può parlare più velocemente? Non ho capito.
6. Ragazzi, compilate le frasi a pagina 89.

3) Abbina le parole.

1. insegnante		a. fare
2. studente		b. leggere
3. cassetta		c. rispondere
4. libro		d. imparare
5. compiti		e. spiegare
6. domanda		f. ascoltare

4) Risolvi gli anagrammi.

1. RESPAGIE   _________________
2. ALVORGI   _________________
3. MERUNI   _________________
4. NERODAQU   _________________
5. AOLGODI   _________________
6. ANDOMDA   _________________

O	E	S	P	Q	R	E	T	N	A	N	G	E	S	N	I
B	I	V	A	H	T	J	F	M	W	V	U	I	C	G	M
C	L	Z	G	I	C	T	M	D	G	H	U	T	R	N	P
D	L	P	I	U	V	O	W	E	I	E	O	I	I	V	A
Q	E	S	N	C	G	Q	A	Z	S	C	X	P	V	C	R
E	T	E	A	G	R	L	B	A	C	V	N	L	E	B	A
R	S	N	B	E	F	E	R	E	T	E	P	I	R	M	R
A	A	P	C	G	H	F	S	I	L	M	G	K	E	L	E
T	P	O	D	E	N	O	P	E	Q	R	H	M	S	O	T
L	P	Q	R	B	T	B	C	D	A	N	G	A	V	A	L
O	O	R	S	C	E	N	F	I	U	Z	V	E	H	I	E
C	N	S	O	D	E	F	E	G	H	K	C	R	J	S	U
S	M	T	T	R	O	N	M	D	R	C	B	T	S	E	V
A	O	C	N	A	B	Q	L	S	U	W	I	A	W	E	Z
I	L	U	U	S	R	I	T	Q	N	T	L	Q	Z	O	A
H	G	V	Z	F	E	A	L	O	U	C	S	D	C	I	B

insegnante - gomma - scrivere - ripetere - scuola - pagina - studente - imparare
banco - classe - esercizio - pastelli - frase - ascoltare - lavagna - libro

Unità 3

Il tempo che passa

giorni, mesi e stagioni, data, ora, feste e festività

Le quattro stagioni

la primavera

l'estate

l'autunno

l'inverno

I mesi dell'anno

- gennaio
- febbraio
- marzo
- aprile
- maggio
- giugno
- luglio
- agosto
- settembre
- ottobre
- novembre
- dicembre

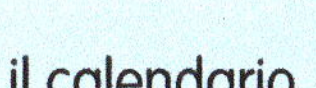

il calendario

I giorni della settimana

- lunedì, martedì, mercoledì, giovedì, venerdì sono giorni **lavorativi** (**feriali**).
- sabato, domenica sono giorni **festivi** (**il fine settimana**).

La data

- **Che giorno è** oggi?
  > **Oggi è martedì**

- **Quanti ne abbiamo oggi**?
  > **Oggi è il 10 marzo***.

- **In che anno** l'Italia ha vinto i mondiali di calcio?
  > **Nel** 2006.

- **Quando** ha scoperto l'America Cristoforo Colombo?
  > **Il** 12 ottobre 1492.

***Attenzione**! Si dice "il primo" (1°) marzo, ma in seguito "il due", "il tre", "il ventuno", "il trentuno".

La giornata

il pomeriggio

la sera

la mattina

la notte

- **Sabato sera** vado al cinema con i miei amici.
- **Martedì pomeriggio** andiamo in piscina.
- **Mercoledì mattina** ho lezione di italiano.

Si fa riferimento alla durata con le parole **mattinata**, **serata**, **nottata** e **giornata**:

- Il lunedì Luca passa la **mattinata** (= l'intera mattina) in biblioteca.
- Sabato abbiamo passato una splendida **serata** con i nostri amici.
- È stata una **nottata** terribile!
- Che **giornata** fantastica! Ci siamo divertiti un sacco!

Dire l'ora

Che ora è? Che ore sono?
Sono le...

	Espressione comune	**Espressione ufficiale**
9:00	sono le nove	sono le nove
9:05	sono le nove e cinque	sono le nove e cinque
9:10	sono le nove e dieci	sono le nove e dieci
9:15	sono le nove e un quarto	sono le nove e quindici
9:20	sono le nove e venti	sono le nove e venti
9:25	sono le nove e venticinque	sono le nove e venticinque
9:30	sono le nove e mezza	sono le nove e trenta
9:35	sono le dieci meno venticinque	sono le nove e trentacinque
9:40	sono le dieci meno venti	sono le nove e quaranta
9:45	sono le dieci meno un quarto sono le nove e tre quarti	sono le nove e quarantacinque
9:50	sono le dieci meno dieci	sono le nove e cinquanta
9:55	sono le dieci meno cinque	sono le nove e cinquantacinque

Attenzione! Esiste il sistema ufficiale di 24 ore che viene utilizzato alla radio, alla TV, per gli appuntamenti, per gli orari del treno o dell'aereo. Nell'uso corrente si utilizza il sistema di 12 ore. Se c'è il rischio di confusione, si possono aggiungere le espressioni «di mattina» o «di sera».

21:00	sono le ventuno sono le nove	**12:00**	sono le dodici è mezzogiorno
15:15	sono le quindici e quindici sono le quindici e un quarto sono le tre e un quarto	**12:30**	sono le dodici e trenta è mezzogiorno e mezza è la mezza
22:30	sono le ventidue e trenta sono le dieci e mezza	**24:00**	sono le ventiquattro è mezzanotte
19:40	sono le diciannove e quaranta sono le otto meno venti	**13:00**	sono le tredici è l'una

A che ora...?

- **A che ora** vai al lavoro?
> **Alle** otto.

- **A che ora** pranzi?
> **A** mezzogiorno/**alla** mezza/**all'**una.

La durata

- 15 minuti   **un quarto d'ora**
- 30 minuti   **mezz'ora**
- 45 minuti   **tre quarti d'ora**
- due settimane   **quindici giorni**

- **tutto il giorno**
- **tutta la sera**

- Quanto ti fermi?
> **Un quarto d'ora**.

- Arriviamo **fra mezz'ora**!
- Aspetto l'autobus **da tre quarti d'ora**!!!
- Oggi sto in ufficio **tutto il giorno**.
- Siamo rimasti in casa **tutta la sera**.

Alcune espressioni di tempo

- Stefano ha un appuntamento con Anna alle 16:00.

— Alle 15:40 lui è **in anticipo**.
— Alle 16:00 lui è **puntuale/in orario**.
— Alle 16:15 lui è **in ritardo**.

- Paola è molto stanca, ha avuto una giornata lunghissima.
  Si è svegliata **presto**, alle 06:00, ed è andata a dormire molto
  tardi, alle 02:00.

- Sandro **ha fretta** perché deve prendere il treno ed è in ritardo.

avere fretta

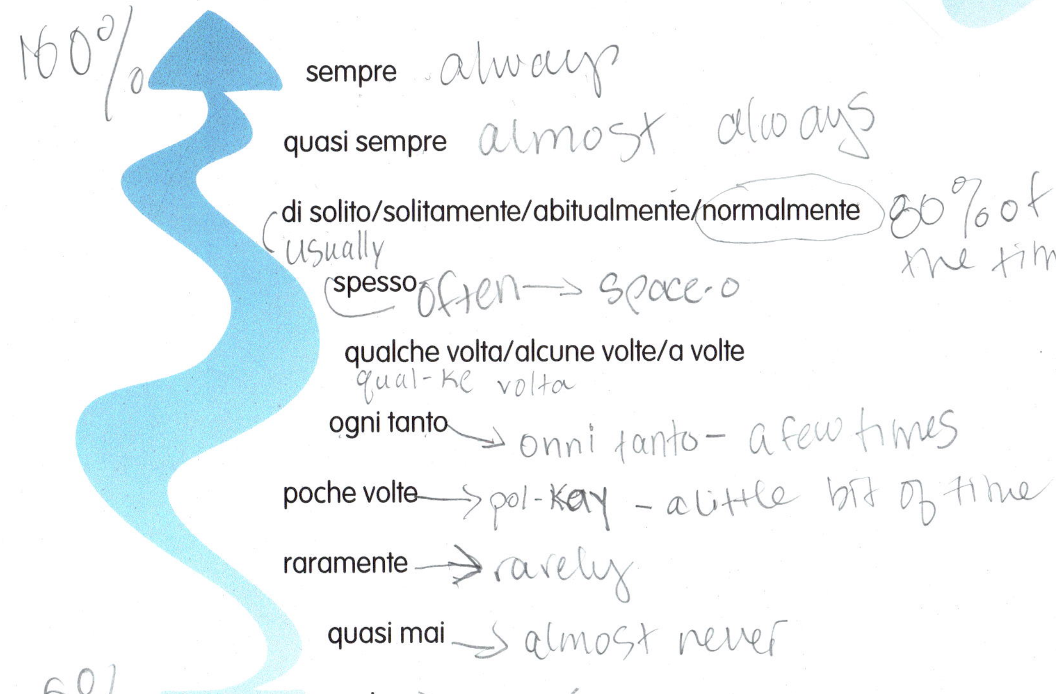

- Il sabato sera vado **sempre** al cinema con i miei amici.

- Vai a teatro?
> **Raramente**.

- **Di solito** trascorro il fine settimana in campagna.
- **Non** bevo **mai** il caffè la sera.

Attenzione! L'avverbio "mai" può essere utilizzato nelle domande con il significato di "qualche volta" e in questo caso la frase non è negativa.

- Guardi **mai** la TV di sera?
> Sì, **spesso**.

...ste e festività italiane

Esercizi

1) Vero o falso? Controlla l'agenda di Matteo.

	lunedì	martedì	mercoledì	giovedì	venerdì	sabato	domenica
8:00							
9:00	francese		francese				
10:00							
11:00							
12:00							
13:00							
14:00					università	montagna	montagna
15:00							
16:00		dottore					
17:00							
18:00							
19:00	piscina						
20:00			da Giorgia	piscina			
21:00					cinema		

		VERO	FALSO
1.	Matteo ha un appuntamento martedì mattina.	○	○
2.	Matteo va in piscina due volte alla settimana.	○	○
3.	Mercoledì pranza a casa di Giorgia.	○	○
4.	Va al cinema venerdì sera.	○	○
5.	Va all'università venerdì mattina.	○	○
6.	Matteo passa il fine settimana in montagna.	○	○
7.	Giovedì pomeriggio è libero.	○	○
8.	Mercoledì pomeriggio ha un impegno.	○	○

2) Guarda il cartello e rispondi alle domande.

1. A che ora apre l'ambulatorio il martedì?

   ____

2. A che ora chiude l'ambulatorio il giovedì?

   ____

3. Qual è l'orario di apertura il lunedì?

   ____

4. In quali giorni l'ambulatorio è chiuso?

   ____

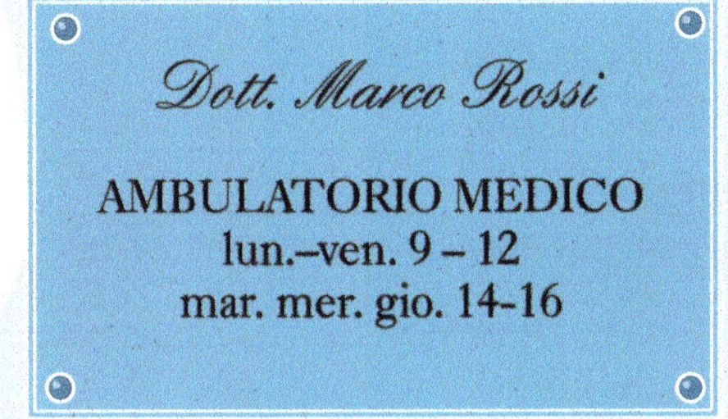

3) Che ora è?

1. _______________

2. _______________

3. _______________

4. _______________

5. _______________

6. _______________

4) Associa le frasi con lo stesso significato.

1. Marco pranza alle 13:00.
2. Sono le cinque meno un quarto.
3. Lei aspetta l'autobus quindici minuti.
4. Andrea ha la lezione di russo alle 12:30.
5. Marta passa quindici giorni al mare.
6. Sono le 24:00.

a) Lei sta al mare due settimane.
b) Lei aspetta per un quarto d'ora.
c) Il pranzo è all'una.
d) È mezzanotte.
e) Sono le 16:45.
f) Lui studia russo a mezzogiorno e mezza.

5) Con quale frequenza fai queste cose? Per ogni azione scrivi una frase.

- prendere l'aereo   _______________________________
- andare a teatro   _______________________________
- visitare un museo   _______________________________
- andare in vacanza   _______________________________
- andare a cena fuori   _______________________________
- lavare i piatti   _______________________________
- andare al cinema   _______________________________
- andare in montagna   _______________________________
- leggere un libro   _______________________________
- ascoltare la radio   _______________________________

Unità 4
Al ristorante e al bar

Al ristorante

- Vai spesso al ristorante?
- Preferisci andare al ristorante o in pizzeria?

Menù del giorno

Antipasti

Prosciutto e melone	Insalata caprese
Tomini in salsa verde	Antipasto misto

Primi

Linguine al pesto	Tagliatelle ai funghi
Risotto alla pescatora	Lasagne al forno

Secondi

Bistecca ai ferri	Scaloppine ai funghi
Filetto al pepe verde	Maialino al forno

Contorni

Insalata mista	Insalata verde
Patate al forno	Verdure alla griglia

Dolci e frutta

Tiramisù	Millefoglie
Crostata di frutta	Torta al cioccolato
Fragole con gelato	Macedonia di frutta

Vini

Montepulciano	Chianti
Dolcetto d'Alba	Barolo
Pinot grigio	Sangiovese

Al ristorante

**Paola ed Andrea arrivano al ristorante
"La Pergola".**

Andrea:	Buonasera. **Abbiamo prenotato un tavolo per due**.
Cameriere:	Buonasera, il vostro tavolo è vicino alla finestra. Prego, da questa parte.
Andrea:	Va bene, grazie.

Paola ed Andrea si siedono al tavolo.

Andrea:	Cosa mangiamo?... Ho una gran fame!
Paola:	Vediamo un po' **il menù**.

Arriva il cameriere.

Cameriere:	Avete scelto?
Andrea:	Dunque, **tu cosa prendi**? Vuoi **un antipasto**?
Paola:	Sì. Prendo un'insalata caprese.
Cameriere:	E Lei, **cosa desidera**?
Andrea:	Io prendo i tomini in salsa verde ed un antipasto misto. **Come primo** invece prendo le tagliatelle ai funghi porcini. E tu?
Paola:	Io preferisco le linguine al pesto.
Cameriere:	Ottima scelta. Le linguine sono **la specialità** dello **chef**. E **per secondo**?
Paola:	**Vorrei** il filetto al pepe verde con contorno di insalata mista.
Andrea:	Per me invece maialino al forno con patate, per favore.
Cameriere:	**Da bere**?
Andrea:	Vorrei del vino rosso, **cosa mi consiglia**?
Cameriere:	Abbiamo un ottimo Dolcetto d'Alba.
Andrea:	Bene, anche una bottiglia d'acqua naturale, per favore.

In seguito.

Cameriere:	Vi posso **servire un dolce**?
Andrea:	Un tiramisù, grazie.
Paola:	Io prendo solo un caffè macchiato, per favore.

Dopo qualche minuto.

Andrea:	Scusi cameriere… **Ci porta il conto**, per favore?
Cameriere:	Subito, signore.
Andrea:	Ecco a Lei.
Cameriere:	Grazie e arrivederci.
Andrea:	Arrivederci.

il cuoco/lo chef

il pizzaiolo

il cameriere

il menù

ordinare

prendere l'ordinazione

servire

scegliere il vino

pagare il conto

Al bar

Gianluca:	Ragazzi, **che cosa prendete**?
Valerio:	Per me un **caffè macchiato**.
Alessio:	Io prendo un **marocchino** e… ho un po' fame, prendo anche un **cornetto**.
Gianluca:	E tu, Matteo, **cosa bevi**?
Matteo:	**Un succo di frutta**.
Barista:	**Ditemi pure**!
Gianluca:	Allora, un caffè macchiato, un marocchino, un succo di frutta, un cornetto, e per me un tè freddo.
Barista:	Ecco a voi. **Lo scontrino alla cassa**, grazie.

Bar
La casa del caffè

Listino prezzi

caffè espresso	€ 0,80
marocchino	€ 1,00
cappuccino	€ 1,15
caffelatte - latte	€ 1,05
tè	€ 1,15
cioccolata con panna	€ 1,50
caffè e tè freddo	€ 1,15
succhi di frutta	€ 1,80
spremuta d'arancia o pompelmo	€ 2,50
aperitivi analcolici	€ 2,40
" alcolici	€ 2,60
bibite in lattina	€ 1,50
birra in bottiglia	€ 2,30
birra alla spina piccola	€ 1,60
birra alla spina media	€ 2,30
acqua minerale	€ 1,00
brioches	€ 0,90
toast e pizzette	€ 1,55
panini con prosciutto crudo	€ 1,60
" con mozzarella e pomodoro	€ 1,60
tramezzini con prosciutto e maionese	€ 1,50
" con pomodoro, mozzarella e insalata	€ 1,50

il barista

il bancone

Bar
Olimpia
Via A. Meucci,13
06100 Perugia

caffè....... 0.80
acqua..... 0.35

Tot   1.15

lo scontrino

la macchina
del caffè

1.50

la cassa

il caffè

il cappuccino

il tè

il caffelatte

la cioccolata

il tè freddo

la spremuta

il succo di frutta

l'aperitivo

la birra

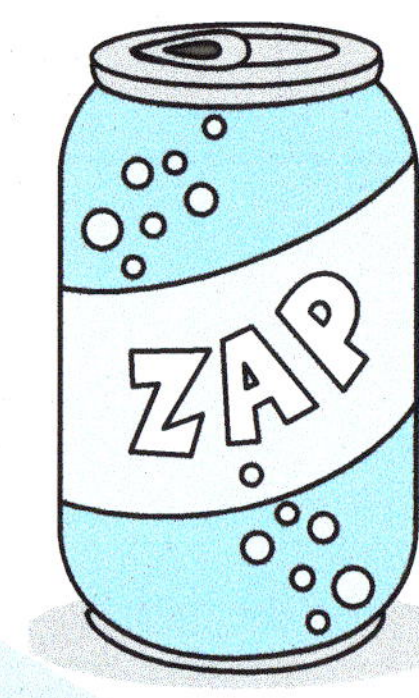

la bibita

il cornetto/la brioche

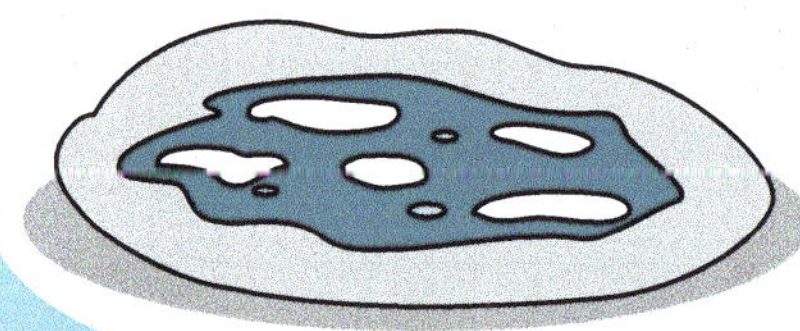

la pizzetta

il tramezzino

il panino

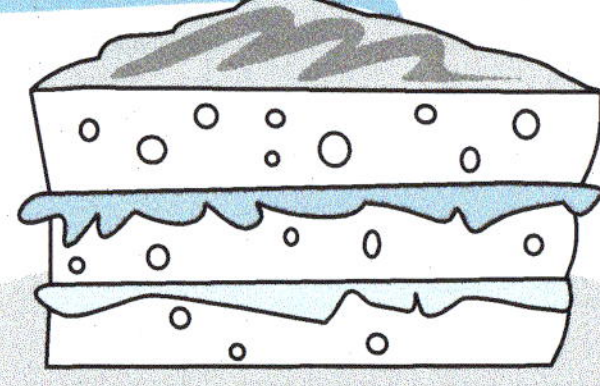

Esercizi

1) Costruisci un dialogo con le seguenti indicazioni:

Gianni e Piero vanno in pizzeria, guardano il menù e scelgono: Gianni prende una pizza margherita e una birra media alla spina. Piero sceglie una pizza quattro stagioni e una birra piccola. Poi i due amici prendono il dolce: il tiramisù per Gianni e una millefoglie per Piero. Per concludere, ordinano due caffè.

____

____

____

____

____

____

____

____

____

____

2) Completa le frasi.

1. Scusi, posso avere il _______________? Vorrei prendere un dolce.
2. Alla fine del pasto il cameriere porta il _______________ .
3. Prima di prendere il caffè dobbiamo fare lo _______________ alla _______________ .
4. • Che cosa _______________ ?
   > Bevo un marocchino. E tu?
   • Una _______________ di pompelmo.
5. Vorrei un _______________ macchiato, per favore.
6. Il cameriere prende l' _______________ .

3) Trova gli errori.

1. Per antipasto prendo degli spaghetti al pomodoro.
2. Cameriere, ci porta lo scontrino, per favore?
3. Buongiorno, abbiamo pagato un tavolo per due.
4. Cameriere, che vino ci ordina?
5. Il risotto alla pescatora è una specialità del cameriere.
6. Per contorno prendo un tiramisù.

4) Completa le parole.

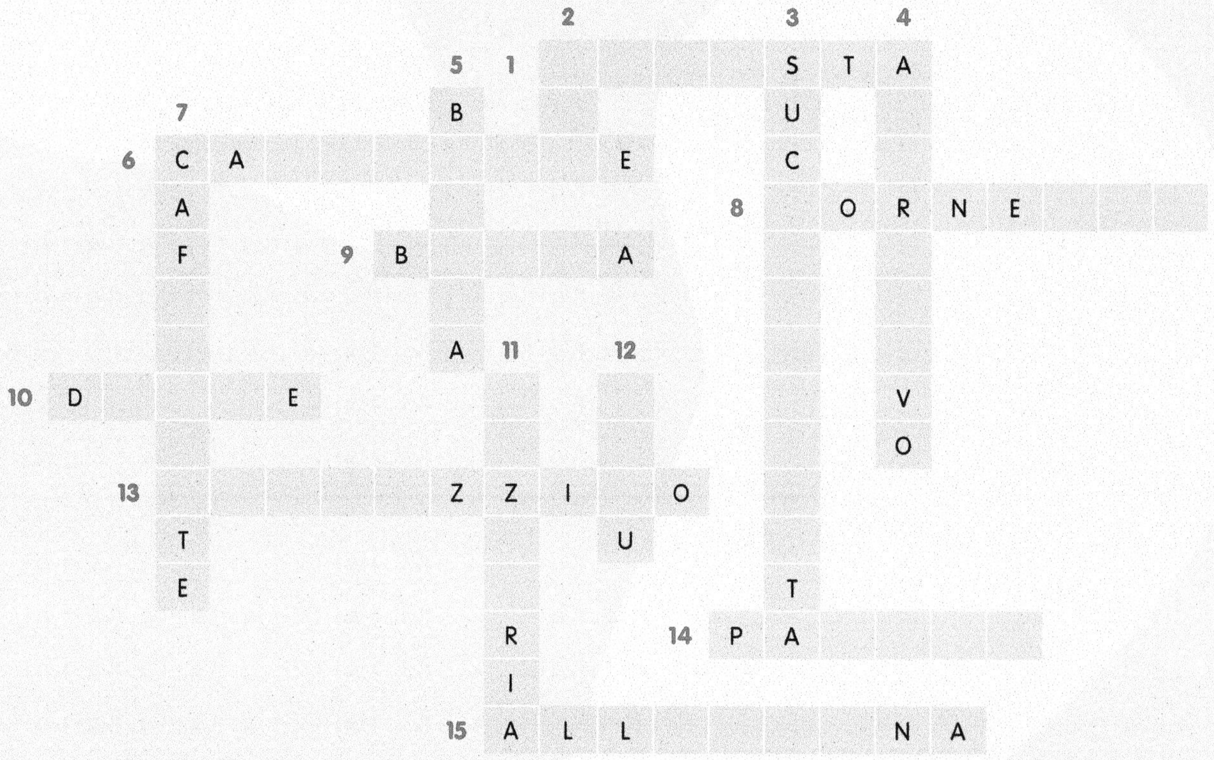

2 3 4
5 1 S T A
7 B U
6 C A E C
A 8 O R N E
F 9 B A
A 11 12
10 D E V
O
13 Z Z I O
T U
E T
R 14 P A
I
15 A L L N A

Unità 5

Il carattere

le emozioni e le sensazioni

Essere + aggettivo qualificativo

Paolo è simpatico, gentile e socievole.
Anna è allegra, dinamica e sensibile.

Avere + sostantivo

Roberto ha un buon carattere, ma suo fratello Mauro ha un brutto carattere.
Luisa ha un carattere difficile.

Alcuni ritratti

- Stefano ha un **buon carattere** ed è molto **simpatico**. È **aperto**, **socievole**, **disponibile**, **allegro** e **divertente**. Ama parlare e stare con gli altri, è sempre pronto ad aiutare, ha un grande **senso dell'umorismo**.
- Luigi ha un **carattere difficile** ed è un po' **antipatico**. È **chiuso**, poco **socievole**, spesso **triste** ed è molto **pessimista**. Parla poco, sta sempre solo e vede sempre il lato negativo delle cose.
- Paola ha molte **qualità**. È **simpatica**, **sensibile**, **estroversa** e molto **paziente**. Gli amici amano stare in sua compagnia e lei è sempre pronta ad ascoltarli ed aiutarli.
- Ilaria invece è sempre **nervosa** e piuttosto **aggressiva**. Non ha molta pazienza ed è spesso **intollerante**.
- Piero è un uomo molto **educato**, **gentile**, **colto** e **dinamico**. Ha un **buon rapporto** con la gente, ama lo studio e lo sport. Insomma, è un tipo **interessante**.
- Giovanni è un ragazzo piuttosto **timido** ed **introverso**. Ha difficoltà a fare amicizia. Tuttavia è **riflessivo** e **maturo**.
- Marta è una donna veramente **adorabile**: **sincera**, **ottimista**, **tranquilla** e sempre di **buon umore**. Dice sempre quello che pensa, vede il lato positivo delle cose ed è piacevole stare in sua compagnia.
- Silvia e Carla sono gemelle ma hanno due caratteri completamente diversi: Silvia è **dolce**, **calma**, abbastanza **riservata** e a volte un po' **pigra**. Carla, invece, è **passionale**, **impulsiva**, molto **attiva** e **chiacchierona**.
- Com'è il marito di Susanna? È un tipo molto **intelligente**, **serio** e **razionale** (forse un po' troppo!) e **responsabile**.
- Non sopporto Daniele! È **avaro**, **bugiardo** e terribilmente **noioso**. Non vuole mai tirare fuori un centesimo, non dice mai la verità e parla sempre delle stesse cose.
- > Hai ragione! Ma conosci suo fratello Davide? Lui è **generoso**, **piacevole** e sempre **felice**.

Attenzione! È possibile modificare il significato degli aggettivi usando "molto", "abbastanza", "piuttosto", "veramente", "un po'", "terribilmente".

Le emozioni e le sensazioni

- Marco è proprio **innamorato** di Luisa! Parla sempre di lei, è allegro e di buon umore.
- Ultimamente Fabio è **stressato**; lavora molto ed ha qualche problema in famiglia.
- Davide è sempre **annoiato**, non sa mai cosa fare!
- Sono **pigro**, non ho voglia di fare niente!

È stressato

È arrabbiato

È annoiato

È pensieroso

È timido

È nervoso

40

Esercizi

1) Trova l'aggettivo corretto per completare la frase.

1. Dice quello che pensa, è
2. Parla molto, è
3. Vede il lato negativo delle cose, è
4. Non sta mai fermo, è
5. Non accetta le opinioni degli altri, è
6. Non è calma, ma
7. Ha difficoltà a fare amicizia, è
8. È sempre di buon umore, è

a. chiacchierone
b. dinamico
c. intollerante
d. timido
e. pessimista
f. sincera
g. allegra
h. nervosa

2) Completa le frasi.

1. • Com'è Serena?
   > Lei ha un buon ________________ .
2. • Conosci Marco?
   > Sì, lui è molto ________________, studia sempre molto.
3. • Cosa pensi di Luca?
   > Ha molte ________________, è intelligente, generoso e divertente.
4. • Federico è estroverso?
   > Sì, lui è allegro, divertente e sempre di buon ________________ .
5. • Marco è pessimista?
   > No, lui è ottimista, vede sempre il lato ________________ delle cose!

3) Scrivi i contrari.

1. sincero ________________
2. generoso ________________
3. noioso ________________
4. socievole ________________

5. pigro ________________
6. riflessivo ________________
7. triste ________________
8. sensibile ________________

4) Adesso tocca a te! Rispondi alle domande.

1. Descrivi il tuo carattere.

____
____
____
____
____

2. Quali sono i tuoi difetti?

____

____

____

____

3. Quali caratteristiche non sopporti in una persona?

____

____

____

____

4. Come deve essere il tuo amico ideale?

____

____

____

____

5) Completa le frasi.

1. ____________________, vado a dormire.
2. Non mi sento per niente bene, forse ____________________.
3. Marco ha appena smesso di fumare e ora ____________________.
4. Matteo ed Elisa hanno lavorato tutto il giorno e ____________________.
5. Marta ____________________ dei topi, quando li vede urla!
6. Stefano ha difficoltà con il suo lavoro, è ____________________.
7. Sono le 14.00, Paolo non ha ancora mangiato e ____________________.
8. La settimana scorsa Giulia ha conosciuto Giacomo e adesso ____________________.

6) Trova le parole nascoste.

V	A	L	L	E	G	R	O	O	A	H
B	I	T	O	F	O	Q	N	T	N	A
E	N	M	I	T	U	Z	O	A	N	S
T	G	A	V	L	R	T	D	R	O	R
S	A	U	O	C	A	E	H	O	I	E
I	P	E	R	O	M	U	P	M	A	V
R	M	S	O	P	O	A	Q	A	T	O
T	O	O	I	A	R	T	G	N	O	R
C	C	N	R	U	A	L	S	N	D	T
D	B	N	E	R	V	O	S	I	G	N
A	I	O	S	A	A	C	F	E	H	I

allegro   umore   compagnia
annoiato   paura   introversa
innamorato   colta   serio
sonno   triste   avaro
qualità   nervosi   aperto

Unità 6

La descrizione fisica

Il corpo

1. la testa
2. la schiena
3. il sedere
4. la gamba
5. il polpaccio
6. il tallone
7. il piede
8. la coscia
9. la mano
10. il polso
11. il braccio/le braccia
12. la spalla
13. il petto
14. lo stomaco
15. la vita
16. la pancia
17. il ginocchio/le ginocchia
18. la caviglia
19. il dito/le dita
20. il gomito

La statura e la corporatura

- Giorgio è **alto** 1,85 m ed è piuttosto **magro**, **pesa** 65 kg.
- Giacomo è **di bassa statura**, solo 1,60 m, ed è **grasso**, pesa 80 kg.
- Claudia è **di media statura**, è alta 1,70, ed è **snella**, **il suo peso è di** 60 kg.
- Alessio è **di corporatura robusta**, è alto 1,80 m e pesa 75 kg.

Il viso

1. i capelli
2. l'orecchio/le orecchie
3. la bocca
4. la lingua
5. il collo
6. il mento
7. il labbro/le labbra
8. i denti
9. la guancia
10. il naso
11. le ciglia
12. l'occhio
13. il sopracciglio/le sopracciglia
14. la fronte

viso allungato
il mento pronunciato
i baffi
viso regolare
viso rotondo
la barba
le lentiggini
viso quadrato

verdi
marroni
nocciola
blu/azzurri
neri
grandi
piccoli
rotondi
allungati
a mandorla

I capelli

* Per indicare il colore degli occhi e dei capelli si possono utilizzare anche gli aggettivi "**chiaro**" e "**scuro**"

Il naso

piccolo   grande   a sventola

La bocca

piccola

grande

labbra sottili

labbra carnose

Barbara è una ragazza di 25 anni. È **alta** e **magra**, ha i **capelli biondi**, **lunghi** e **lisci**. Il suo **viso** è **regolare**, ha gli **occhi azzurri**, il **naso piccolo** e la **bocca** abbastanza **grande**. La sua **carnagione** è molto **chiara**.

Matteo ha i **capelli castani**, **corti** e **mossi** e gli **occhi scuri**. Ha la **fronte alta**, il **viso quadrato**, il **naso a patata** e la **bocca grande** con le **labbra** abbastanza **carnose**. **Porta gli occhiali**.

Silvia ha i **capelli corti** e **neri**. Ha gli **occhi castani allungati**, il **naso alla francese** e il **viso regolare**. La sua **carnagione** è **scura** e **porta gli orecchini**.

Esercizi

1) Trova l'opposto.

1. magro   a. sottili
2. alto   b. corti
3. carnose   c. grasso
4. chiari   d. aquilino
5. all'insù   e. basso
6. lunghi   f. scuri

2) Completa le frasi.

1. Federico è _________________ 1,85 m.
2. Luca è biondo con gli occhi azzurri e la _________________ chiara.
3. Laura ha i _________________ lunghi e neri.
4. Riccardo è piuttosto _________________, è alto 1,78 m e pesa 73 kg.
5. Il _________________ di Vittoria è alla francese.
6. Louise viene dall'Irlanda, ha i capelli rossi e gli _________________ verdi.

3) Trova gli errori.

1. Simona ha i capelli biondi, la carnagione chiara e sulle guance ha molti denti.
2. Alessandro è basso 1,65 m.
3. Alessia ha il viso rotondo e gli occhi a sventola.
4. Michele non ha capelli, è basso.
5. Emma è molto grassa, il suo peso è di 40 kg.
6. Elisa ha i capelli castani lunghi e porta sempre la frangia di cavallo.

4) Guarda le immagini e descrivi queste persone.

1.

____

____

____

____

____

____

____

____

5) Adesso tocca a te! E tu come sei? Descriviti!

____

____

____

____

____

____

____

____

Unità 7

La salute

Come va la salute?

- • Ciao, allora ci vediamo stasera?
- > Mi dispiace, resto a casa. **Non mi sento molto bene**.
- • Oh, davvero, sei **malato**?
- > Ho un forte **raffreddore**, **tosse**, **mal di gola** e penso di avere anche un po' di **febbre**.

- • Ciao, Monica! Come sta Davide? Come mai non è venuto in ufficio stamattina?
- > **Non sta bene**. È malato.
- • Oh, mi dispiace. Cos'ha?
- > L'**influenza**. Ha **mal di testa**, la **febbre alta**, un po' di **nausea** e **dolori** dappertutto.
- • Avete chiamato il **medico**?
- > Sì, è venuto mezz'ora fa. Infatti, ho qui la **ricetta** e sto andando in **farmacia** a prendere le **medicine**.

- • Marisa, cos'hai? Non stai bene?
- > Non molto. Ieri sera sono andata fuori a cena con i miei amici e ho mangiato troppo, così adesso ho **mal di stomaco**.

- • Ciao Marco, cosa ti è successo?
- > Domenica scorsa sono andato in montagna a sciare, ma sono caduto e **mi sono rotto il braccio**.
- • Mamma mia che sfortuna!

- Stai male, Debora? Sembri stanca.
> Sono molto stanca, non ho dormito tutta la notte!
- Come mai?
> Ho un terribile **mal di denti**! Devo assolutamente andare dal **dentista**.

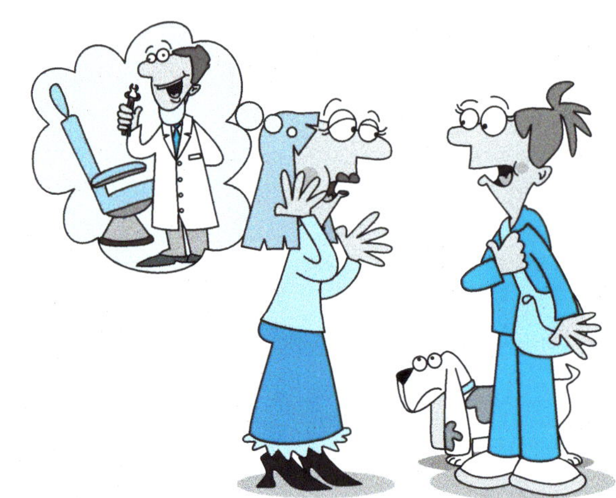

Le malattie

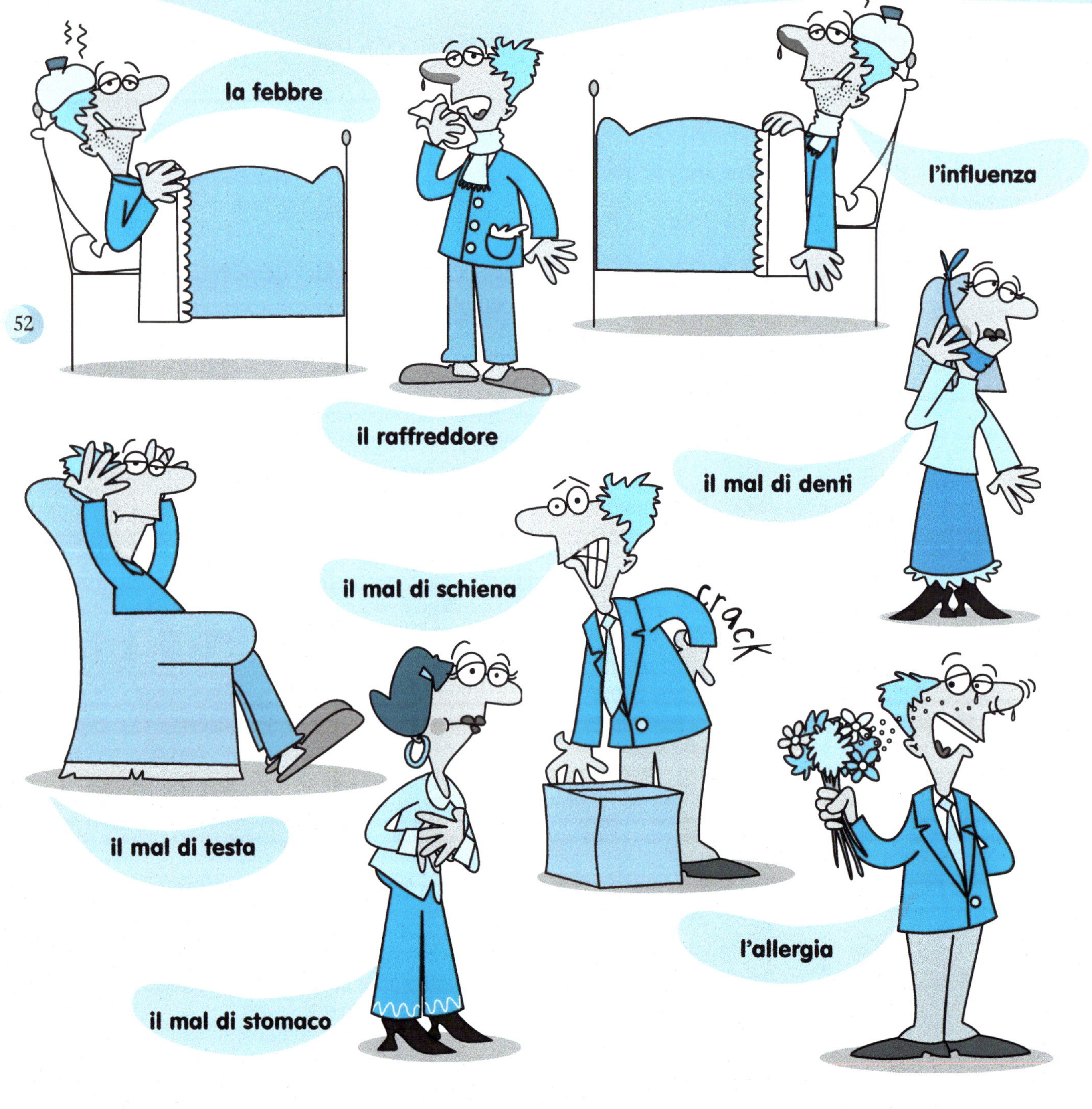
la febbre
il raffreddore
l'influenza
il mal di denti
il mal di schiena
crack
il mal di testa
il mal di stomaco
l'allergia

- Dove sei stato Paolo?
> In **ospedale**.
- Niente di grave, spero.
> No, ho fatto solo delle **analisi del sangue**.
  Sai, per la mia **allergia**.

- Siamo pronti per la nostra escursione in montagna?
> Sì!
- Hai preso anche la **cassetta del pronto soccorso**?
> Sì, è nello zaino.

In farmacia

- Buongiorno. Desidera?
> Ho bisogno di un **termometro**, una scatola
  di **cerotti** e una **siringa**.
- È tutto?
> Sì, grazie.

il termometro

il cerotto

la benda

la siringa

Le medicine

lo sciroppo

le gocce

la pastiglia

la compressa
effervescente

il collirio

le vitamine

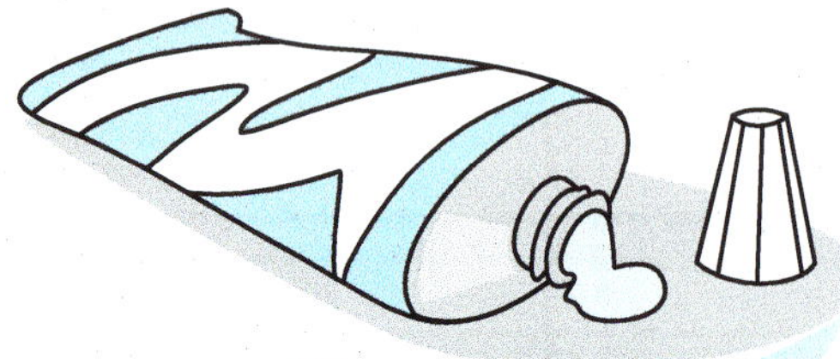

la pomata

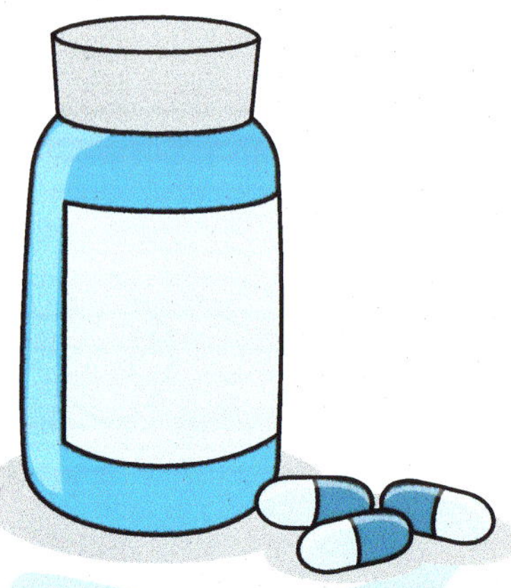

l'antibiotico

Esercizi

1) Completa le frasi.

1. Devo comprare alcune medicine, vado in _____________________ .
2. Lucia ha un forte mal di _____________________ e va dal dentista.
3. Marta ha gli occhi rossi e mette il _____________________ .
4. Serena è un'infermiera e lavora in _____________________ .
5. Posso avere un bicchiere d'acqua, per favore? Devo prendere una compressa _____________ .
6. Penso di avere un po' di febbre, devo misurare la temperatura con il _____________ .

2) Trova gli errori.

1. Marco ha un forte raffreddore e la tosse alta.
2. Giulia ha la febbre e controlla la temperatura con il collirio.
3. Oggi non vado a scuola, non mi sento male.
4. Devo prendere la siringa per la tosse.
5. Valerio va dal dentista perché ha mal di stomaco.
6. Anna è andata in ospedale a fare i dolori del sangue.

3) Abbina le frasi.

1. Simone non può alzarsi dal letto.	a. Si è rotto il braccio.
2. Marco non può parlare.	b. Ho un'allergia.
3. Non posso mangiare il cioccolato.	c. Ha la febbre alta.
4. Alessia ha la fronte molto calda.	d. Lei va in farmacia.
5. Maria deve comprare lo sciroppo.	e. Ha mal di schiena.
6. Giorgio è caduto.	f. Lui ha un terribile mal di gola.

4) Trova la risposta giusta.

1. Maria ha molto freddo.
   a. Lei ha la febbre
   b. Lei ha la tosse.
2. Marco non può camminare.
   a. Si è rotto il braccio.
   b. Ha mal di schiena.
3. Compro il collirio.
   a. Mi fanno male i denti.
   b. Mi fanno male gli occhi.
4. Emma ha mal di testa.
   a. Prende una compressa effervescente.
   b. Prende una pomata.
5. Devo controllare la temperatura.
   a. Uso la siringa.
   b. Uso il termometro.
6. Rimango a letto.
   a. Ho l'influenza.
   b. Ho un'allergia.

5) Completa le parole.

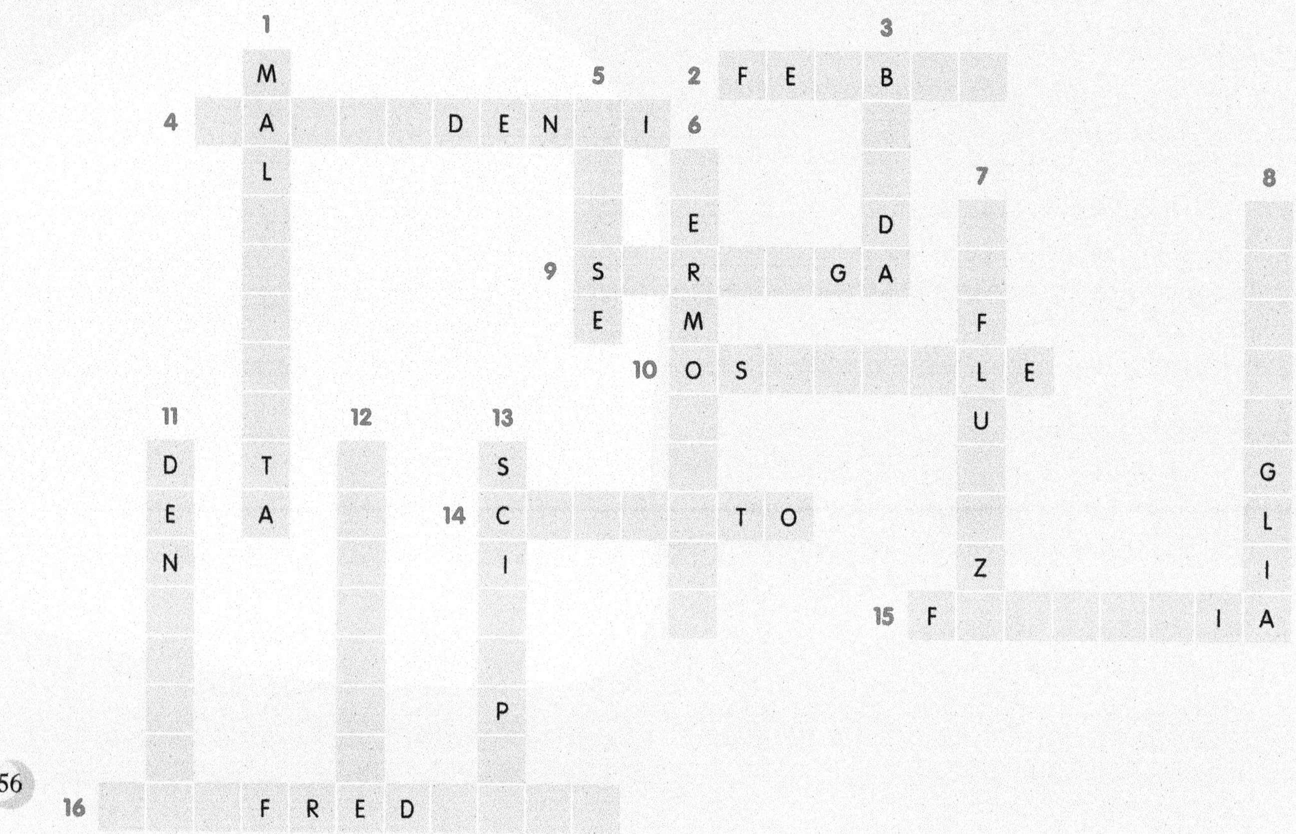

Unità 8
La famiglia e i periodi della vita

La famiglia

L'albero genealogico

Giuseppe · Cristina

Giulia · Alberto

Maria · Sergio

Roberto e Silvia

Elena

La famiglia Fabrizi

Giuseppe e Cristina sono **sposati**. Giuseppe è il **marito** e Cristina è la **moglie**.

Giuseppe e Cristina sono i **genitori** di Alberto e Maria. Giuseppe è il **padre** e Cristina è la **madre**. Alberto è il **figlio** e Maria è la **figlia**.

Alberto è il **fratello** di Maria. Maria è la **sorella** di Alberto. Alberto e Maria sono **fratelli**.
Alberto è **sposato con** Giulia. Giulia è la **nuora** di Giuseppe e Cristina. Giuseppe è il **suocero** di Giulia e Cristina è la **suocera**. Giuseppe e Cristina sono i **suoceri**.
Giulia è la **cognata** di Maria e Sergio.

Maria è sposata con Sergio. Sergio è il **genero** di Giuseppe e Cristina ed è il **cognato** di Alberto e Giulia. Alberto e Giulia hanno due **figli**: Roberto e Silvia. Loro sono i **nipoti** di Giuseppe e Cristina ed i **nipoti** di Maria e Sergio. Roberto è **il nipote** e Silvia è **la nipote**. Maria è la loro **zia** e Sergio è il loro **zio**. Maria e Sergio sono gli **zii**.

Maria e Sergio hanno una figlia, Elena. Elena è la **cugina** di Roberto e Silvia. Roberto è il **cugino** di Elena. Elena, Roberto e Silvia sono **cugini**.

Giuseppe e Cristina sono i **nonni** di Roberto, Silvia ed Elena. Giuseppe è il **nonno** e Cristina è la **nonna**.

> **Nota!** - Di solito i figli chiamano la madre "**mamma**" e il padre "**papà**". (In alcune regioni, ad esempio in Toscana ed in Sardegna si usa il termine "babbo" per "papà" e "padre").
> - I membri di una famiglia sono i **parenti**.

I periodi della vita

l'infanzia

l'adolescenza

- Paola e Marco hanno un **neonato** di due mesi.
- I loro amici Franco e Luisa hanno due **bambini**: una **bambina** di 6 anni ed un **bambino** di 9 anni.
- I figli di Federico e Sonia, invece, sono **adolescenti**: Simone è un **ragazzo** di 14 anni e sua sorella Alice è una **ragazza** di 16.
- Luca e Claudia sono due **giovani** di 28 anni.
- Gabriele e Gianni hanno 40 anni: sono **adulti** (ma si sentono ancora due ragazzini!).
- Il padre di Simona è un signore **di mezz'età**, ha poco più di 60 anni.
- I nonni di Federico e Sonia sono **anziani***: nonna Maria ha 75 anni e nonno Giorgio domani ne compie 78.

* Di solito si preferisce utilizzare il termine "**anziano/a**" invece di "**vecchio/a**" perché più cortese.

L'età

- **Quanti anni hanno** Silvia e Sonia?
> Silvia ha 24 anni e Sonia ne ha 26.

- **Quand'è il tuo compleanno**?
> (È) il 24 ottobre.

- **Quando compie gli anni** Luca?
> Il 10 settembre.

- **Quanti anni compie**?
> **Ne compie** 19.

- **Quando sei nato/a**?
> **Sono nato/a** il 18 marzo 1974.

- **La mia data di nascita** è il 24 aprile 1980.

Esercizi

1) Osserva l'albero genealogico della famiglia Fabrizi e scrivi i rapporti di parentela.

Cristina e Roberto   _nonna e nipote_
Maria e Roberto   _______________
Elena e Alberto   _______________
Sergio e Giuseppe   _______________
Alberto e Giulia   _______________
Sergio e Giulia   _______________
Alberto e Sergio   _______________

2) Adesso tocca a te!

1. Costruisci il tuo albero genealogico.

2. Descrivi la tua famiglia.

____
____
____
____
____
____
____
____
____
____

3) Completa le frasi

1. La sorella di tua madre è tua _______________
2. Il suocero di tuo padre è tuo _______________
3. La figlia dei tuoi genitori è tua _______________
4. La moglie di tuo fratello è tua _______________
5. Il figlio di tuo zio è tuo _______________
6. I figli di tua sorella sono i tuoi _______________

4) Scegli la risposta corretta.

1. Giorgio ha 35 anni, è   anziano   adulto   adolescente
2. Sabrina ha 7 anni, è   neonata   adolescente   bambina
3. Il signor Martini ha 75 anni, è ragazzino   anziano   giovane
4. Martina ha 17 anni, è   anziana   adulta   adolescente
5. Giovanni ha 63 anni, è   giovane   di mezz'età   anziano

5) Formula domande adeguate per le seguenti risposte.

1. ____
   Mia sorella ha 26 anni.

2. ____
   Il compleanno di Marco è sabato prossimo, il 27 marzo.

3. ____
   Sono nato il 14 luglio 1985.

4. ____
   Il 18 ottobre 1970.

5. ____
   Ne compie 35.

6) Risolvi gli anagrammi.

1. LRTFLOEA _______________
2. ZDSALACNOEE _______________
3. ZATEEMAZ _______________
4. HCVCAEAII _______________
5. TRIIEGON _______________
6. DTOALU _______________
7. ANOEONT _______________
8. GTOCONA _______________
9. NLOMPCONAE _______________
10. IPTANRE _______________

Unità 9
La casa

La casa

- Vivi in una casa o in un appartamento?
- In città o in campagna?
- In centro o in periferia?
- Preferisci i mobili antichi o moderni?

Sergio e Maria sono i **proprietari** di un bell'**appartamento** che si trova all'ultimo piano di un edificio non molto lontano dal centro. È un appartamento molto comodo, grande, spazioso e luminoso. È composto da sei **stanze**: un'ampia **cucina**, un **salotto**, una **sala da pranzo**, due **camere da letto** e un **bagno**. Ci sono anche due **balconi** dove Maria, in estate, coltiva i suoi gerani.

Due anni fa i signori Martini hanno comprato una splendida **casa in campagna**, in mezzo al verde, lontano dal traffico e dal rumore. È una casa **a due piani**. Al **pianoterra** si trovano la cucina, il **soggiorno**, lo **studio** e un piccolo bagno. **Al primo piano** ci sono due camere da letto, una **camera per gli ospiti** e un altro bagno. **Nel seminterrato** ci sono una **tavernetta** e una **cantina**. Vicino alla casa c'è un grande **garage**. Intorno alla casa c'è un bellissimo **giardino** pieno di fiori e di piante.

Fabio è uno studente universitario e vive in un **miniappartamento** nel centro della città: una cucina, una camera da letto e un bagno per lui sono sufficienti. Fabio non è proprietario, è un **inquilino** e ogni mese deve pagare l'**affitto** al signor Rossotti, il suo **padrone di casa**.

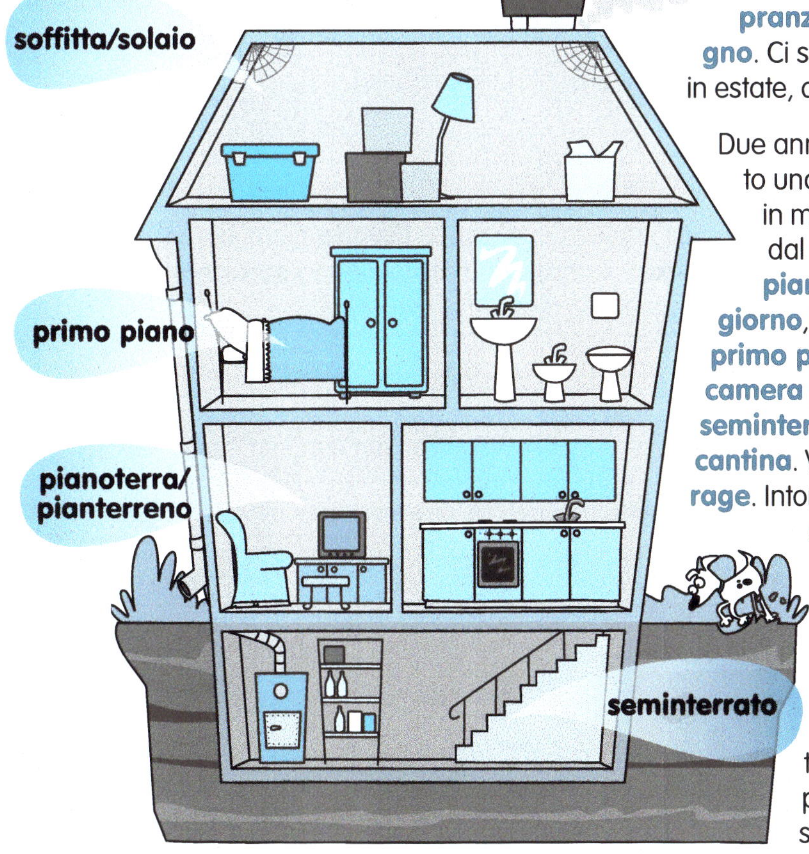

Andiamo a vedere l'appartamento di Paola e Valerio che abitano un po' fuori città.
Entriamo. A destra della **porta d'ingresso** si trova la cucina, molto luminosa, colorata, con una
portafinestra con le **tendine** gialle che dà sul balcone.
In cucina vediamo degli **armadietti**, un **frigo**, un **lavello**, una **cucina a gas** con il **forno**, una
lavastoviglie, un **tavolo** rettangolare con delle **sedie**. Alle **pareti** ci sono dei poster.

gli armadietti

il lavello

**il frigorifero/
il frigo**

la cucina e il forno

la lavastoviglie

il tavolo con le sedie

Torniamo in **corridoio**. Di fronte alla cucina si trova lo studio: una grande **libreria** piena di libri, una
scrivania, un **computer**, un **tappeto** sul **pavimento** di legno, e una comodissima **poltrona** dove Paola
o suo marito amano passare un po' di tempo a leggere e studiare.

la libreria

la scrivania

il tappeto

la poltrona

Accanto allo studio c'è la camera da letto: un **letto matrimoniale**, due **comodini**, un **cassettone** con uno **specchio**, un grande **armadio**, due tappeti e una portafinestra con le **tende** bianche che dà sulla **terrazza**.

**il letto
con il comodino**

**il cassettone
con lo specchio**

l'armadio

Di fronte alla camera da letto vediamo il **salone**, molto spazioso e pieno di luce: un **divano**, due poltrone, un **tavolino**, un morbido tappeto, due **lampade**, un **mobile** basso, una **vetrinetta**, un **televisore**, un **videoregistratore**, uno **stereo**, un tavolo rotondo con sei sedie, alcune **piante** e molti **quadri**.

**il divano
e le lampade**

la vetrinetta

il televisore

le piante

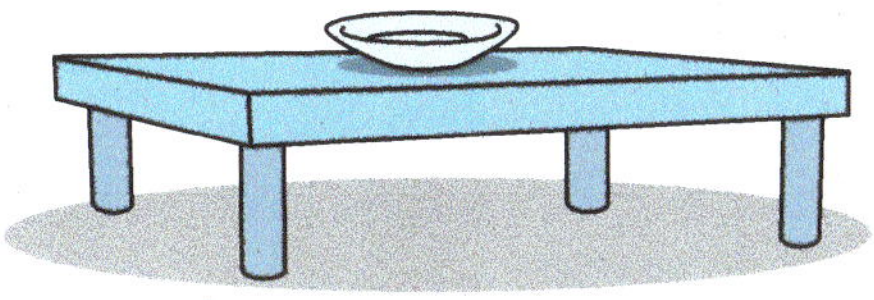

il tavolino

lo stereo

Il bagno si trova proprio di fronte alla **porta d'ingresso**, in fondo al corridoio, fra la camera da letto e il salone. Non è molto grande, ma è comodo: una **vasca da bagno** con la **doccia**, un **lavabo**, un armadietto con lo specchio, un **water**, un **bidet** ed una **lavatrice**.

Inoltre, fra la porta d'ingresso e la cucina c'è un **ripostiglio**, pieno fino al **soffitto**, dove Paola e Valerio tengono le scarpe e le cose che non usano spesso.

Esercizi

1) Rileggi la descrizione della casa di Paola e Valerio e disegnane la piantina.

2) Completa le frasi.

1. Alle finestre della mia camera ci sono delle ________________ bianche.
2. Vado in ________________ a lavarmi le mani.
3. Serena odia lavare i piatti, così usa sempre la ________________ .
4. L' ________________ della mia camera da letto è pieno di vestiti!
5. Il ________________ del signor Montezemolo è enorme, ci stanno tutte le sue Ferrari!
6. Alle ______________ del mio salotto ci sono molti quadri e foto.

3) Trova gli errori.

1. Gli ospiti si siedono in corridoio.
2. Pietro non ha molti soldi e vive da solo in una villa.
3. Intorno alla casa c'è un bellissimo garage con fiori e piante.
4. • Dov'è il vino?
   > È in soggiorno, nel seminterrato.
5. Simone è un proprietario e ogni mese deve pagare l'affitto al padrone di casa.
6. Sul pavimento di legno del mio salotto c'è una bellissima tenda molto colorata.

4) Abbina la stanza all'arredamento.

forno
letto
divano
tappeto
studio   doccia
bagno   cassettone
camera da letto tavolo
salone   scrivania
cucina   frigorifero
vetrinetta
tende
lavabo
poltrona
lavastoviglie

5) Adesso tocca a te! Rispondi alle domande.

1. Com'è la tua casa? Descrivila.

____
____
____
____
____
____
____

2. E la tua casa ideale?

____
____
____
____
____

6) Trova le parole nascoste.

```
P D R G H U V O S F S O F F I T T O
V I D E O R E G I S T R A T O R E I
A N O N I D O M O C H F B A T C P R
S Q P O A O N T R R F E O S E D I A
C U F T E C Q U V I B C A S P V A T
A I B T H C L F T V R U O C P E N E
F L O E U I G T H A Q P T T A E T I
B I S S U A O Z H N A E I O T U A R
Z N M S O T N E M I V A P E I E O P
Q O V A U M M G F A B O B A V A L O
I I H C U O T A R R E T N I M E S R
A P P A R T A M E N T O T S R Q P P
```

videoregistratore	pavimento
tappeto	cassettone
letto	appartamento
scrivania	doccia
comodino	lavabo
seminterrato	pianta
inquilino	sedia
affitto	proprietario
vasca	soffitto

Unità 10
Le attività quotidiane

- Com'è la tua routine quotidiana?
- Ti alzi presto la mattina?
- Lavori fino a tardi?

La giornata di...

svegliarsi

alzarsi

fare colazione

lavarsi i denti

fare/farsi la doccia

vestirsi

Tutte le mattine Roberto **si sveglia** alle 6:30, ma non **si alza** subito, rimane a letto per altri 10 minuti. Di solito si sente stanco e senza energia e ha bisogno di un bel caffè per affrontare la giornata. Mentre lui è in cucina sua moglie Laura va in bagno e **si prepara**. Poi, verso le 7:10 è il suo turno: Roberto **si fa la doccia**, **si fa la barba/si rade**, **si pettina** e **si veste**.
Alle 7:45 tutta la famiglia è pronta per **fare colazione**. Più tardi, alle 8:00, Roberto esce per andare in ufficio.

Roberto comincia a lavorare alle 8:30 e alle 10:00 **fa una pausa** per prendere un caffè con i colleghi.

Pranza alle 12:30: qualche volta va al bar, ma di solito si porta il pranzo da casa perché preferisce uscire prima la sera.
Nel frattempo Laura **fa le pulizie**, **va a fare la spesa** e **si occupa dei bambini**. Quando ha tempo **va in palestra**, incontra le amiche per un tè oppure **va dal parrucchiere**.

Dopo il lavoro Roberto **si rilassa**, **fa ginnastica** e **gioca con i bambini**. È un bravo cuoco e spesso è lui che **prepara la cena**.

Alle 19:30 **cena** con la sua famiglia e poi **guarda la TV** o **passa la serata con gli amici**. Ogni tanto **esce** con Laura.

Alle 23:00 **si spoglia/si sveste**, **si mette il pigiama** e **va a letto**. Prima di **dormire** ha l'abitudine di leggere per una mezz'ora, poi, spegne la luce e **si addormenta**.

Esercizi

1) Rispondi alle domande.

1. A che ora si sveglia Roberto?
____
____

2. Cosa fa Roberto appena si sveglia?
____
____

3. A che ora inizia a lavorare Roberto?
____
____

4. Cosa fa Laura mentre Roberto è al lavoro?
____
____

5. Cosa fa Roberto quando esce dal lavoro?
____
____

6. Come trascorre la serata Roberto?
____
____

2) Adesso tocca a te. Descrivi la tua giornata!

Mi sveglio alle ____
____
____
____
____
____

3) Completa le frasi.

1. Anna _______________________ tutti i giorni alle 7:00.
2. La mattina io non ho mai fame e non faccio _______________, ma bevo solo un caffè.
3. Giacomo inizia a lavorare alle 8:00 e dopo due ore fa una _______________ per il caffè.
4. • Marcolino, ti sei lavato i _______________?
   > Sì, mamma, appena ho finito di mangiare!
5. Alessia e Giorgia _______________ tutte le sere: vanno al cinema, a teatro o in discoteca.
6. Tommaso è un bravissimo uomo di casa: dopo il lavoro _______________ al supermercato e _______________ la cena!

4) Trova gli errori e riscrivi il racconto.

La mattinata di Marco

Marco si sveglia alle 7, si fa la doccia, si sveste e va in cucina a fare pranzo. Subito dopo si rade i denti e si prepara per andare al lavoro. Arriva in ufficio alle 9 e dopo due ore prende una pausa. Mangia un caffè con i colleghi e riprende subito il lavoro. Alle 12:30 è l'ora della colazione.

____

____

____

____

____

5) Inserisci le parole.

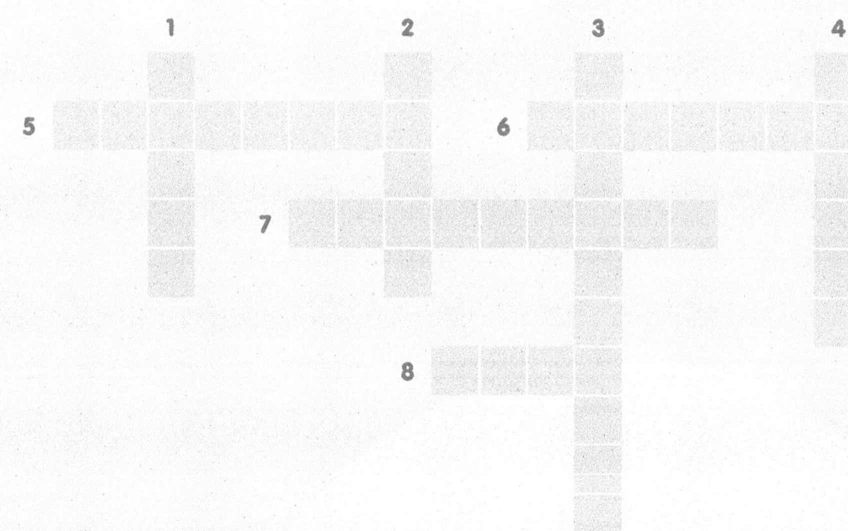

1. Alle 10 faccio una… per il caffè.
2. Ho sonno, vado a…
3. Marco ha avuto una giornata stressante e ha bisogno di…
4. Marco, ti devi… i denti.
5. Mi piace… la TV.
6. Bambini, mettetevi il… e andate a dormire!
7. Se i tuoi capelli non sono in ordine, ti devi…
8. Giuseppe è un bravo cuoco e spesso prepara la…

Unità 11
Espressioni idiomatiche

con "FARE"

Fare...

la spesa
spese/compere

colazione/pranzo/cena/merenda

la doccia/il bagno

il bucato

le pulizie

una passeggiata
due/quattro passi

- Cosa **fai** oggi pomeriggio?
> Prima **faccio** un po' di **ginnastica** e poi vado a **fare un giro** in bicicletta.

- La signora Baldo è una casalinga e ha sempre molte cose da fare: deve **fare i letti**, il **bucato**, **fare le pulizie** e deve anche **fare la spesa**.

- Professore, posso **fare una domanda**? Cosa significa "fare"?

- Enrico **ha fatto molte domande di lavoro**, ma per il momento non ha ancora ricevuto una risposta.

- Adoro andare in vacanza!
> Sì, anch'io! Voglio **fare un viaggio** il più presto possibile. È bello **fare i bagagli** prima di partire, e poi, in vacanza, c'è sempre la possibilità di **fare amicizia** con nuove persone.

- Marco, mi puoi **fare un piacere/un favore**? Quando vai alla posta, puoi spedire questa lettera, per favore? Io non ho tempo.

- Marta, ma dove sei stata? È da un'ora che aspetto…
> Hai ragione, ma sono andata in banca, c'erano molte persone e ho dovuto **fare** una lunga **coda**.

- Pietro, **fai attenzione** quando attraversi la strada!

- **Facciamo piano**, non **facciamo rumore**! Marco **sta facendo un pisolino** perché ieri sera **ha fatto tardi/le ore piccole**.

- Puoi aspettare un momento? **Faccio** solo **una telefonata** e vengo.

- La settimana scorsa siamo stati a Parigi e **abbiamo fatto un sacco di foto**.

- Silvia ama viaggiare e le lingue straniere, così ha deciso di **fare un corso di** francese.

- Ragazzi, non litigate più, **fate la pace**!

- Vittoria è una ragazza molto ambiziosa: ora **fa la segretaria**, ma vuole **fare carriera** e diventare la direttrice della compagnia!

- Il prossimo martedì è giorno di festa, posso **fare il ponte** e andare al mare!

- Ieri **ho fatto** proprio **una brutta figura**!
- > Cosa ti è successo?
- Sono caduta in mezzo alla strada!!!

- Ragazzi, **fate silenzio** durante la lezione!

- Giacomo **fa parte di** una squadra di pallavolo.

Esercizi

1) Fare...

1. Lucia in vacanza dorme in tenda, fa ___________________ .
2. Marco fa ___________________, torna a casa sempre dopo le tre di notte.
3. In banca bisogna sempre fare ___________________, ci sono sempre molte persone che aspettano.
4. Che bello, quest'anno il 25 aprile è di martedì così possiamo fare ___________________ .
5. Devo andare a fare ___________________, ho bisogno del latte e del pane.
6. Finalmente inizia l'America's Cup ed io faccio ___________________ per Luna Rossa.
7. Prendo l'aereo fra poche ore e devo ancora fare i ___________________ .
8. Ho fatto una bruttissima ___________________, non ho saputo rispondere a nessuna domanda del professore!

2) Abbina le frasi.

1. Hai voglia di camminare un po'?	a. Di solito faccio colazione alle 7:15.
2. Domani c'è lo sciopero dei benzinai,	b. Ho incontrato Emanuela e abbiamo fatto due chiacchiere.
3. A che ora mangi la mattina?	c. fa amicizia facilmente.
4. Esci?	d. Vado a fare la spesa al supermercato.
5. Dove vanno in vacanza Roberto e Giulia?	e. Andiamo a fare spese.
6. Fabio è un ragazzo molto socievole,	f. ma fanno subito pace.
7. La mattina sono sempre senza energia,	g. Domani mattina, ho appena fatto la valigia.
8. Che cosa fai domani pomeriggio?	h. Sì, facciamo due passi!
9. Sembri stanco, cos'hai?	i. e le fa spesso dei regali.
10. Cosa fate di solito il sabato pomeriggio?	l. Eh, ho fatto le ore piccole ieri sera!
11. Quando fai le ferie?	m. Sì, ho voglia di fare un giro in centro.
12. Andiamo spesso in Francia per lavoro,	n. è meglio fare il pieno stasera.
13. È tardi, dove sei stata?	o. se non faccio la doccia non mi sveglio!
14. Filippo ama molto sua moglie	p. Di solito fanno un viaggio all'estero.
15. Sandra e Mario litigano spesso,	q. Sempre ad agosto, purtroppo.
16. Quando parti?	r. abbiamo proprio bisogno di fare un corso di francese.

3) Trova gli errori.

1. Dopo pranzo mi piace riposare e faccio sempre una bella escursione.
2. In vacanza ho fatto domanda con Patrick.
3. Sono a secco, non ho più benzina: al prossimo distributore faccio il bucato.
4. Sabato pomeriggio vado a fare un ponte in bicicletta.
5. Appena arrivo a casa mi prendo una doccia!
6. Questa mattina ho fatto cena molto presto, alle 6:30.

4) Risolvi gli anagrammi.

1. Vieni a fare una SPEGASTAGIA con me?
2. Scusi, posso fare una MANDADO?
3. • Esci?

   > No, mi dispiace, devo fare le ZIPELUI.
4. La prossima estate vado a fare GECIMPOGA al mare.
5. Ho un po' fame, faccio NEMARDE
6. Scusi, mi può fare un CAREPEI?

Unità 12
Che tempo fa?

Che tempo fa?

A Torino, in inverno, fa **molto freddo**. A volte **c'è il sole** e **il cielo è sereno**, a volte **tira vento**. A gennaio e febbraio spesso **nevica** e **fa un freddo cane**.

In primavera, generalmente, il **tempo** è **abbastanza bello**; la **temperatura** è **mite**, qualche volta è un po' **umido** e **piove**.

In estate, soprattutto a luglio, **fa molto caldo**, la **temperatura** è **elevata**, è **afoso**, **c'è** molta **umidità** ed è difficile da sopportare. Qualche volta **ci sono temporali** e **grandina**.

In autunno, spesso le giornate sono ancora belle e piene di sole. Di tanto in tanto **c'è la nebbia**.

Quali sono le previsioni del tempo per oggi?

- Che tempo fa?
- Com'è il tempo?

- Il tempo è bello
- Fa bello
- C'è il sole
- Fa caldo/abbastanza caldo/piuttosto caldo/molto caldo
- Il cielo è sereno
- Non c'è una nuvola

- È una bellissima giornata
- È secco
- C'è afa/è afoso (è molto caldo e molto umido)

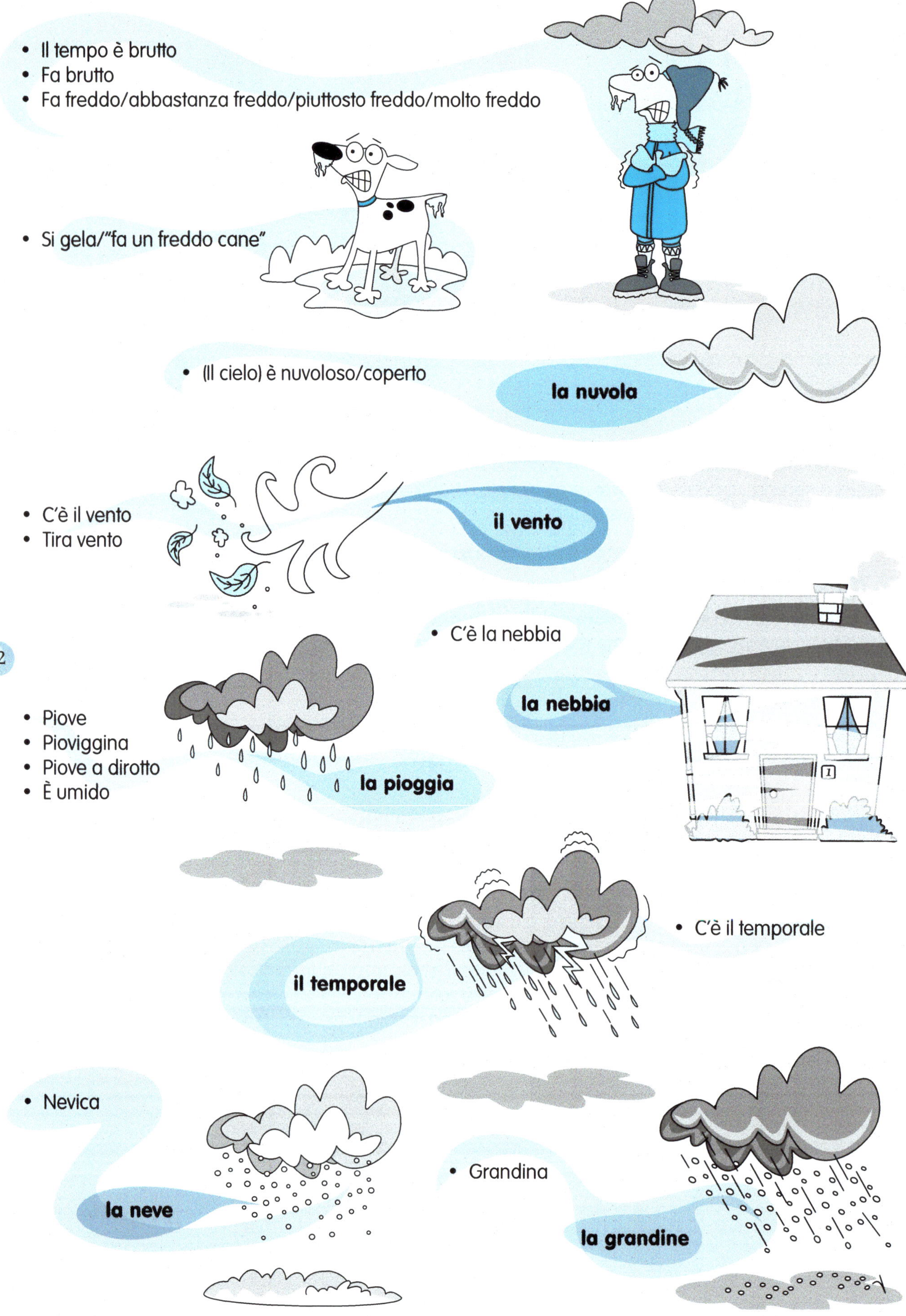

• Il tempo è brutto
• Fa brutto
• Fa freddo/abbastanza freddo/piuttosto freddo/molto freddo
• Si gela/"fa un freddo cane"
• (Il cielo) è nuvoloso/coperto
la nuvola
• C'è il vento
• Tira vento
il vento
• C'è la nebbia
la nebbia
• Piove
• Pioviggina
• Piove a dirotto
• È umido
la pioggia
il temporale
• C'è il temporale
• Nevica
la neve
• Grandina
la grandine

Fa un caldo da morire, si soffoca!
Brrrrrrrr, che freddo, si gela!
Ah! Oggi si sta proprio bene!
Uffa, come piove!
Che caldo insopportabile!
Che tempaccio! Piove a dirotto e tira vento!
Che splendida giornata!
Com'è grigio il cielo, meglio prendere l'ombrello!

Com'è la temperatura?
Quanti gradi ci sono?

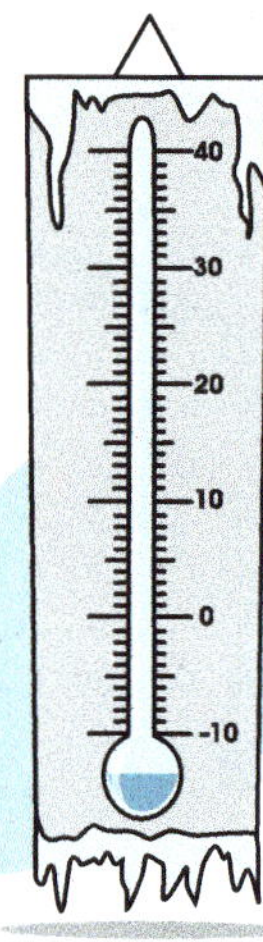

- **Ci sono 9°** (**gradi**), la temperatura è **piuttosto bassa**.
- Ci sono 4°, la temperatura è **molto bassa**.
- Oggi ci sono due gradi **sotto zero** (-2° C)/ci sono **meno** due gradi.

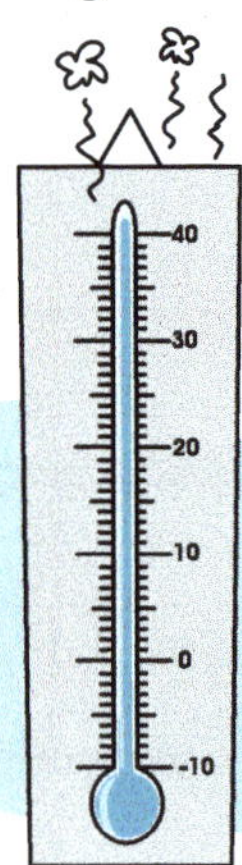

- Ci sono 34°, **la temperatura è alta/elevata**.

Il meteo

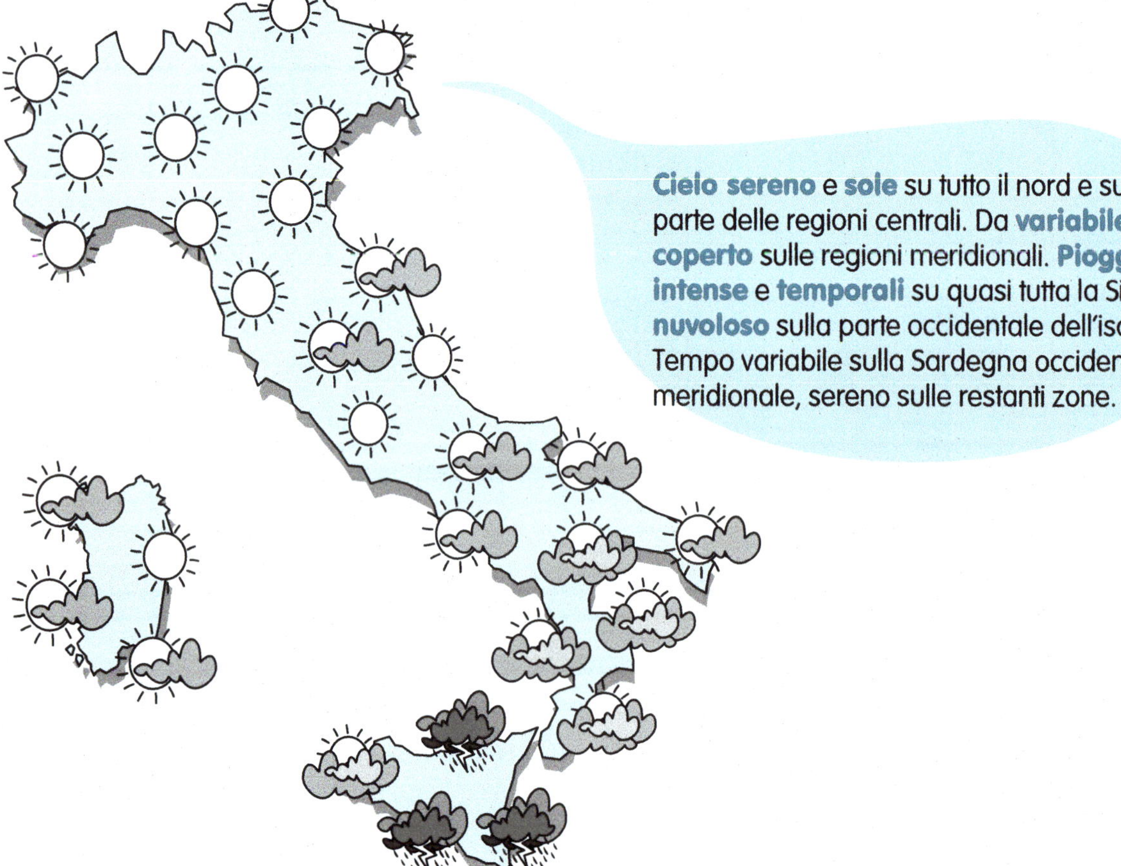

Cielo sereno e sole su tutto il nord e su gran parte delle regioni centrali. Da **variabile** a **coperto** sulle regioni meridionali. **Piogge intense** e **temporali** su quasi tutta la Sicilia e **nuvoloso** sulla parte occidentale dell'isola. Tempo variabile sulla Sardegna occidentale e meridionale, sereno sulle restanti zone.

Esercizi

1) Rispondi alle domande.

1. Che tempo fa oggi?

____

____

____

____

____

2. Quali sono le previsioni per domani?

____

____

____

____

____

3. Com'è il tempo nel tuo Paese in questo periodo?

____

____

____

____

____

4. Qual è la stagione migliore per visitare il tuo Paese? Perché?

____

____

____

____

____

2) Completa le frasi.

1. Oggi è una splendida giornata: il cielo è _______________________ e fa caldo.
2. Come si sta bene, non c'è una _______________________ !
3. • Com'è la _______________________ a Roma?
   > Oggi fa caldo, ci sono 27 _______________________ .
4. • Che tempo fa lì in montagna?
   > Qui _______________________ ! Fuori è tutto bianco!
5. Che pioggia, piove a _______________________ !
6. Il cielo è _______________________ , forse fra poco piove.

4) Cosa pensano queste persone?

86

1. _______________________________

2. _______________________________

3. _______________________________

4. _______________________________

5. _______________________________

5) Trova le parole nascoste.

tempeolotemporalepiogivinafaosoventonevigrandinenecanolte
lipiovigginanamemeteologcalorifefreddorefricilonuvolososoneveca
cancielonemogradidifredovaribimenebbiabomatemperat

1. ________________________
2. ________________________
3. ________________________
4. ________________________
5. ________________________
6. ________________________

7. ________________________
8. ________________________
9. ________________________
10. ________________________
11. ________________________
12. ________________________

Unità 13
Esprimere i propri gusti

- Roberto è un ragazzo sportivo, **adora** sciare e **ha una vera passione per** le auto da corsa, ma **non ama** il calcio.

- **Ti piace** il cinema?
> Sì, **vado pazzo per** i film d'avventura!

- **Amo** cucinare e **mi piace molto** invitare gli amici a cena.

- **Mi danno fastidio** le persone aggressive.

- **Non sopporto** il fumo.

- **Detesto** alzarmi presto la domenica mattina.

- **Non mi dispiace** il gelato al cioccolato, ma preferisco quello alla nocciola.

- **Odio** guidare nel traffico di Torino.

- **Mi piace abbastanza** l'arte moderna, ma **non mi piace affatto** quella contemporanea.

- Carlo **detesta** andare in discoteca ma **ha una grande passione** per il teatro e la lirica.

Esercizi

1) Adesso tocca a te! Rispondi alle domande.

1. Cosa ti piace/non ti piace dell'Italia?

____
____
____
____
____

2. Cosa ti piace/non ti piace del tuo Paese?

____
____
____
____
____

2) Esprimi i tuoi gusti su:

- lavorare   - guardare la TV   - teatro
- cucinare   - andare al cinema   - leggere
- automobili   - ascoltare musica   - fare le pulizie
- viaggiare   - calcio   - mangiare al ristorante

3) Elimina l'intruso.

1. a. Mi dà fastidio il fumo.
   b. Ho bisogno di una sigaretta.
   c. Non sopporto le persone che fumano.

2. a. A Ilaria piace andare a fare spese.
   b. Ilaria è molto avara, non spende mai un centesimo.
   c. Ilaria spende tutto il suo stipendio in vestiti.

3. a. Andrea e Valerio amano fare sport.
   b. Andrea e Valerio hanno una grande passione per il tennis.
   c. Andrea e Valerio non sono ragazzi dinamici.

4. a. Vado pazzo per i film.
   b. Non vado mai al cinema.
   c. Non mi piacciono i film, preferisco i libri.

4) Piace o non piace? Le frasi esprimono un giudizio positivo o negativo?

1. Adoro passare le vacanze al mare.

2. Detesto la lirica.

3. Non sopporto le persone arroganti.

4. Ho una grande passione per i cani.

5. Vado pazzo per la cioccolata.

6. Non mi piacciono affatto le moto.

7. Mi dà fastidio il fumo.

8. Mi piace molto mangiare la pizza.

Unità 14
Il tempo libero

Come passi il tuo tempo libero?

Cosa fai

Cosa ti piace fare

nel tempo libero?

- Silvia, **cosa fai di solito nel tempo libero**?
- > Beh, dipende. Quando fa bello esco, faccio sport oppure vado a fare un giro in bicicletta… Quando il tempo è brutto, invece, rimango in casa e guardo la TV o ascolto musica.
- Che tipo di musica ascolti?
- > Di solito musica rock o leggera. Quando ho bisogno di rilassarmi ascolto musica classica… Mozart, Chopin…

Che tipo di musica ascolti?

rock
leggera
classica
lirica
pop
jazz
rap
techno

- Sergio, **come passi il tuo tempo libero**?
> Due o tre volte alla settimana vado in palestra e spesso incontro gli amici. Insieme, qualche volta andiamo in discoteca o al cinema. Amo molto il cinema!
- Oh, davvero? E quali sono i tuoi film preferiti?
> In generale mi piacciono le commedie e i film psicologici, oppure i film d'azione e d'avventura.
- Vai a vedere i film d'amore?
> Ogni tanto.
- E i film di fantascienza?
> Molto raramente. Non ho una grande passione per questo genere.
- Qual è il tuo regista preferito?
> Silvio Soldini, il regista di "Pane e Tulipani".

Che tipo di film preferisci?

d'azione	di spionaggio
d'avventura	gialli
di fantascienza	polizieschi
di guerra	dell'orrore
d'amore	western
comici	i musical
drammatici	le commedie
psicologici	i cartoni animati
storici	

- Giulia, **cosa ti piace fare nel tempo libero**?
> Qualche volta vado in piscina o esco con le amiche, ma passo molto del mio tempo libero a leggere. Soprattutto romanzi d'amore o gialli.
- Gialli? Hai un autore preferito?
> Oh, sì, Andrea Camilleri. E tu, Roberto, leggi molto?
- Purtroppo ho poco tempo per i libri ma leggo il giornale tutte le mattine. Compro spesso una rivista settimanale e a volte un mensile scientifico.

Quali sono le tue letture preferite?

i racconti	dell'orrore
le biografie	i gialli
le poesie	i polizieschi
le storie d'amore	i fumetti
i romanzi d'avventura	il giornale/il quotidiano
di fantascienza	la rivista
di guerra	il settimanale
di spionaggio	il mensile
	il periodico

- Alberto, **cosa fai nel tempo libero**?
- > Purtroppo non ho molto tempo libero. Il sabato o la domenica vado in montagna e qualche volta dipingo. Ma, durante la settimana, la sera guardo spesso la TV.
- Che tipo di programmi preferisci?
- > Di solito guardo film, telefilm, trasmissioni sportive e documentari. Non sopporto i quiz e le telenovela.

Cosa guardi alla TV?

la trasmissione	la serie televisiva
il programma	la telenovela
il telegiornale	il talk show
il quiz	il documentario
il varietà	il film
il telefilm	il programma sportivo

Quali sono i tuoi passatempi?

- Paola, **cosa fai quando non lavori**?
- > Molte cose, non mi piace stare in casa a far niente. Leggo, disegno, e durante la bella stagione faccio un po' di giardinaggio. Faccio anche parte di un gruppo teatrale e organizziamo due o tre spettacoli all'anno. Sai, adoro il teatro!

Esercizi

1) Completa le frasi.

1. Mi piacciono le storie di extraterrestri e guardo _____________________________ .
2. Valerio vuole essere sempre informato e così ogni giorno legge _____________________________ .
3. Emma adora i fiori e le piante, il _____________________________ è il suo passatempo preferito!
4. Ho appena finito di leggere un bellissimo _____________________________: l'assassino è il professore!
5. Paola e Andrea amano gli animali e alla TV guardano sempre i _____________________________ .
6. • Che bel quadro, l'hai fatto tu?
   > Sì, mi piace_____________________________ .
7. • Dov'è Maria?
   > Come al solito davanti alla TV! Alle 14 c'è la sua _____________________________ preferita. Deve vedere la puntata 856!!!
8. • Porti la macchina fotografica?
   > Naturalmente, lo sai che _____________________________ è la mia grande passione!
9. Quando non lavora Maria passa molto tempo in cucina. Per lei _____________________________ è piacevole e rilassante.
10. Ho due biglietti per andare a _____________________________ l'Aida.

2) Trova gli errori.

1. Il mio passatempo preferito è la lettura. Mi piace guardare libri d'avventura.
2. Ogni mattina leggo il mensile.
3. Il sabato vado sempre a teatro a vedere un bel film!
4. Teresa è una ragazza molto romantica e legge sempre libri gialli.
5. Anna è una ragazza molto dinamica e fa sempre la maglia.
6. • Che tipo di musica leggi?
   > Adoro la musica classica.

3) Adesso tocca a te! Rispondi alle domande.

1. Come passi il tuo tempo libero?

____
____
____
____

2. Che tipo di musica ascolti?

____
____
____
____

3. Quali sono le tue letture preferite?

____
____
____
____
____

4. Che tipo di film preferisci?

____
____
____
____
____

4) Risolvi gli anagrammi.

1. ORGIGAAIIDGN ______________________________
2. AZTCEFNNSAAI ______________________________
3. AONPOIGSIG ______________________________
4. TQDONIAOUI ______________________________
5. SMCULSAACSIIAC ______________________________
6. CROTCANO ______________________________
7. VELTESNIOEI ______________________________
8. ZOAMONR ______________________________

```
O I G G A N I D R A I G
F C O M M E D I A B C T
H P E R I O D I C O E E
E I O A U V R T I A R M
L T Q E C Z G T R H O P
I T B D S I O E I D T O
S U C O A I S M L B T L
N R S L F E A U U G I I
E A L D N N O F M V R B
M O E L A N R O I G C E
E O I G G A N O I P S R
H I P A S S A T E M P O
```

periodico

poesia

fumetti

pittura

giornale

scrittore

spionaggio

lirica

musica

mensile

tempo libero

passatempo

commedia

giardinaggio

giallo

Unità 15
La comunicazione

Fare una proposta/un invito

Mirella: **Che facciamo stasera**? **Usciamo**?
Gianni: **Volentieri**! **Perché non** andiamo al
cinema?
Mirella: Sì, è una buona idea, ma cosa danno?
Guardiamo sul giornale.
Gianni: Al Reposi 1 c'è "Non ti muovere" di Sergio
Castellitto e nella sala 3 danno "Troy".
Mirella: Uhm, non c'è niente di più divertente?
Ho voglia di vedere qualcosa di allegro.
Gianni: **Che ne dici di** "Agata e la tempesta"?
Lo danno all'Olimpia.
Mirella: Ah, sì, mi hanno detto che è un bel film.
A che ora comincia?
Gianni: Il primo spettacolo è alle 20:15 e il secondo
alle 22:30.
Mirella: **Andiamo al primo spettacolo**? Così non
facciamo troppo tardi!
Gianni: **D'accordo**.

Antonio: Senti, Massimo, ho due biglietti per il
concerto di Ligabue di sabato prossimo.
Vieni con me?
Massimo: Sabato prossimo? **Mi dispiace**.
Purtroppo non posso, ho già un altro
impegno.
Antonio: **Oh, che peccato**!
Massimo: **Sarà per un'altra volta. Comunque,
grazie per l'invito**.

Marco: **Andiamo fuori a cena domani sera**?
Manuela: **Ottima idea**! Conosco un buon ristorante
cinese in centro.
Marco: Oh, no! Lo sai che la cucina cinese non è la
mia passione! Che ne dici di un ristorante messicano,
invece?
Manuela: Non ci sono mai stata ma voglio provare.
Marco: Vedrai che ti piacerà. **Possiamo andare** al
Tacos Locos: si mangia molto bene, c'è una bella
atmosfera e non è molto costoso.
Manuela: D'accordo. **Dobbiamo prenotare**?
Marco: Forse è meglio. Ci penso io.
Manuela: **Dove ci troviamo**?
Marco: **Se vuoi ti passo a prendere verso le 19:30**.
Manuela: **Va bene**. Allora a domani. Ciao!
Marco: A domani.

Invitare/proporre

Perché non…?
Che ne dice/dici di…?
Le/Ti va di…?
Viene/Vieni…?
Andiamo…?

Rifiutare

Mi dispiace, non posso.
Purtroppo non posso.
Che peccato!
No, grazie…
Ho un (altro) impegno.
Ho da fare.

Accettare

Volentieri!
È una buona-ottima idea!
D'accordo!
Va bene!
Perché no?

Ringraziare

- Scusa, puoi prestarmi € 50?
> Certo. Eccoli!
- **Grazie mille**!
> **Prego**!

- Senti, puoi spedire questa lettera mentre esci?
> Certo!
- **Grazie**!
> **Di niente**!

- Scusa, sai a che ora apre la biblioteca?
> Alle 8:30.
- **Ti ringrazio**!
> **Figurati**!

- Scusi, mi può dire dov'è la posta?
> Poco più avanti, sulla destra.
- **Grazie**!
> **Non c'è di che**!

Ringraziare

Grazie!
Grazie mille!
Ti ringrazio. (informale)
La ringrazio. (formale)

Rispondere al ringraziamento

Prego!
Di niente!
Non c'è di che!
Figurati! (informale)
Si figuri! (formale)

Esprimere incertezza

- Cosa fai di bello stasera?
- > **Mah**, **non so**, **forse vado al cinema**.

- Vai al mare il prossimo fine settimana?
- > **Può darsi**, tutto dipende dal tempo.

- Pensi di essere a casa per le 8?
- > **Non sono sicuro**, **magari** arrivo più tardi!

- Venite anche voi alla festa di Paolo domani sera?
- > Mah, **vediamo**…

Esprimere accordo o disaccordo

- Hai visto la partita ieri sera? L'Italia ha giocato davvero male!
- > **Sono d'accordo**! È stata proprio una brutta partita!

- Hai conosciuto la ragazza di Carlo? È simpatica, vero?
- > Sì, **hai ragione**, ed è anche molto carina!

- Non sopporto Michele! Ha un carattere difficile ed è antipatico!
- > **Non sono d'accordo**! È solo un po' introverso!

- Marco arriva domani, vero?
- > **No**, **non credo**. Probabilmente, arriva la prossima settimana.

Esprimere accordo

Sono d'accordo!
Hai ragione!
Sì, è vero!
Sì, è proprio così!
Certamente/naturalmente!
Infatti!
Appunto!

Esprimere disaccordo

Non sono d'accordo!
Non è vero!
Non credo.
Non penso proprio!
Assolutamente no!
Che dici?

Chiedere il permesso

Posso…?

Dare il permesso

Certo!
Fai pure!
Non c'è problema.

Chiedere e dare il permesso

- Scusa, **posso** usare il tuo telefono, il mio è guasto!
- > **Certo**! **Fai pure**.

- Scusi, **posso** uscire dieci minuti prima?
- > **Sì**, **non c'è problema**!

Chiedere a qualcuno di fare qualcosa

- Scusa, mi **puoi** passare il sale, per favore?
- > Certo, eccolo!
- Grazie!
- > Prego!

- **Ti dispiace** aprire la finestra? Fa molto caldo qua dentro.
- > **No**, la apro subito!

Offrire

- **Vuoi** un cioccolatino?
- > **Sì, grazie**!

- **Ti va di** prendere un caffè?
- > **Molto volentieri**!

- **Ti posso offrire** qualcosa da bere?
- > **Sì**, qualcosa di fresco, **grazie**!

Esercizi

1) Completa i dialoghi.

1. • Simona, _________________ con me al mare il prossimo fine settimana?
   > _________________ . Purtroppo vado in montagna con Alberto!

2. • Scusa, mi puoi comprare un biglietto dell'autobus quando esci?
   > Certo!
   • _______________ mille!
   > Di _______________ .

3. • Cosa fai di bello la prossima estate?
   > Mah, _______________ , forse vado in Sicilia.

4. • Ti piace l'ultimo film con Monica Bellucci?
   > Sì, lei è molto brava, non credi?
   • Uhm, _______________ . Più che brava è bella!

5. • _______________ una fetta di torta?
   > _______________ , sono a dieta.

6. • Ti _______________ accendere l'aria condizionata? Fa caldo!
   > No, la accendo subito.

2) Costruisci i dialoghi.

1. Marco invita Gianni allo stadio a vedere la partita. Gianni accetta l'invito. I due amici decidono il posto e l'ora dell'incontro.

   ____
   ____
   ____
   ____
   ____
   ____

2. Giulia propone all'amica Roberta di andare a vedere *Il lago dei cigni*. Roberta, che non ama il balletto, rifiuta e suggerisce di andare al cinema.

   ____
   ____
   ____
   ____
   ____
   ____

3) Abbina le frasi con lo stesso significato.

1. Ti va di andare al cinema?
2. Sì, sono d'accordo!
3. Ti dispiace chiudere la porta?
4. Non c'è di che!
5. Può darsi!
6. Perché no?

a. Puoi chiudere la porta?
b. Figurati!
c. Che ne dici di vedere un film?
d. Magari!
e. È un'ottima idea!
f. Hai ragione!

4) Abbina le frasi.

1. Andiamo a vedere l'Amleto?
2. Scusi, posso fare una telefonata?
3. Ti dispiace abbassare la radio?
4. Secondo me questo esercizio è difficile!
5. Grazie mille!
6. Vieni anche tu al concerto di Zucchero?

a. No, lo faccio subito.
b. No, non sono d'accordo.
c. Figurati!
d. Certo. Non c'è problema!
e. Perché no?
f. No! Lo sai che il teatro non è la mia passione!

Unità 16

Il cibo e la spesa

- Chi va a fare la spesa a casa tua?
- Dove preferisci fare la spesa?

Andiamo a fare la spesa...

Ciao,
mi dispiace ma non ho avuto tempo di fare la spesa. Puoi andare tu al **supermercato**?

Abbiamo bisogno di:

* 1 etto di prosciutto cotto
* 1 litro di latte
* 1 chilo di mele
* 1 vasetto di marmellata di albicocche
* 2 scatolette di tonno
* 1 tubetto di maionese
* 1 pacco di pasta
* 1 bottiglia di olio
* 1 dozzina di uova

Ah, non dimenticare il **pesce**! Scegli tu, **salmone, tonno, cozze**...

Grazie, ci vediamo stasera,

Emanuela

I negozi e i negozianti

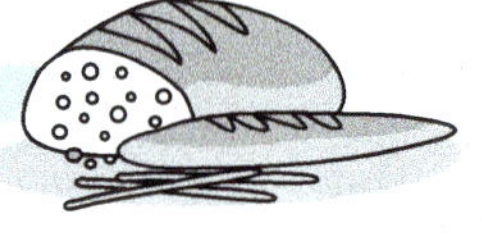

pane e grissini  dal panettiere/in panetteria

carne  dal macellaio/in macelleria

frutta e verdura  dal fruttivendolo/al mercato

salumi  dal salumiere/in salumeria

latticini  dal lattaio/in latteria

pesce 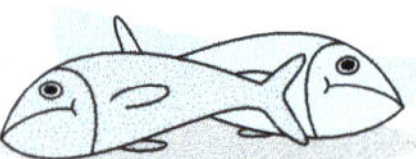 dal pescivendolo/in pescheria

dolci, torte e pasticcini dal pasticciere/in pasticceria

gelati  dal gelataio/in gelateria

giornali e riviste 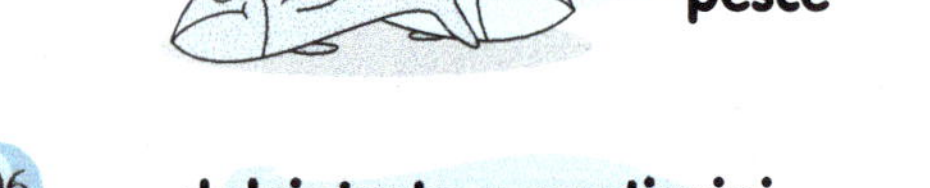 dal giornalaio/in edicola

fiori  dal fioraio

sigarette, francobolli e cartoline  dal tabaccaio/in tabaccheria

quaderni, penne e matite  dal cartolaio/in cartoleria

libri  in libreria

medicine  dal farmacista/in farmacia

Hai fretta? Devi comprare un po' di tutto? al supermercato

I contenitori

la tazza

la tazzina

la scodella

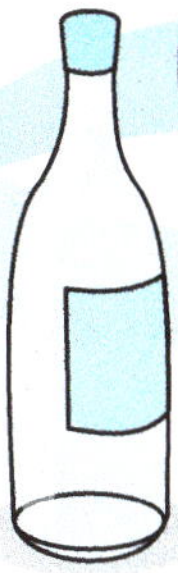

la bottiglia

il bicchiere

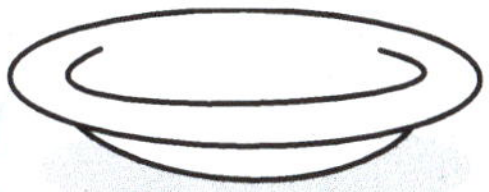

il piatto

la scatola

la scatoletta

il pacco

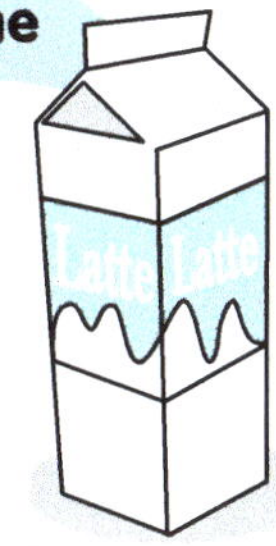

il cartone

il pacchetto/il pacco la confezione

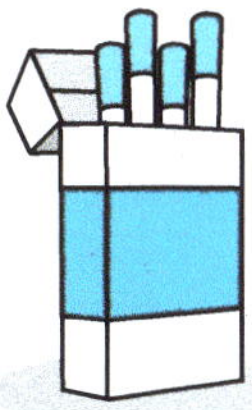

il pacchetto

il vasetto

il barattolo

la lattina

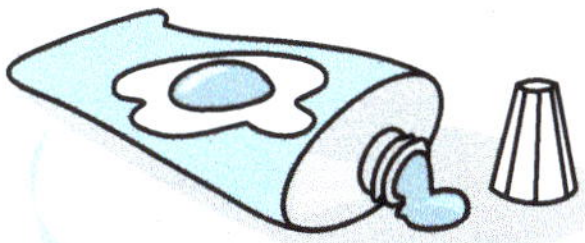

il tubetto

Le quantità

una fetta di

un pezzo di

una tavoletta di

1Kg

**un etto (hg/100 grammi) di
mezzo chilo di
un chilo (kg) di**

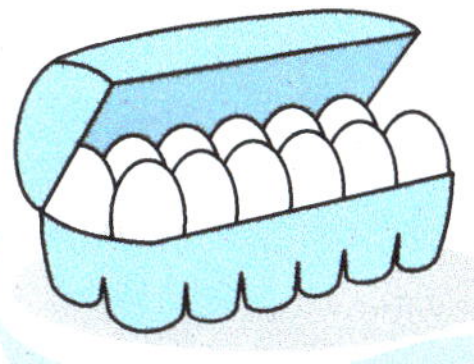

una dozzina di

**mezzo litro di
un litro (l) di**

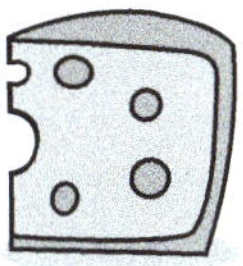

107

La frutta

Attenzione! Arance, limoni e pompelmi sono agrumi; more, lamponi e mirtilli sono frutti di bosco, mentre noci, nocciole e mandorle sono frutta secca.

La verdura

109

Dal fruttivendolo

- Buongiorno signora, **desidera**?
- > Vorrei un **chilo** di **carote**, due **finocchi** e due chili di **pesche**, **mature** per favore.
- Bene, signora, **è tutto**?
- > Sì, grazie. **Quanto fa**?
- 7 euro.
- > **Ecco a Lei**… Arrivederci!
- Grazie, arrivederLa!

I salumi

il prosciutto
crudo/cotto

il salame

la mortadella

I latticini

il latte

lo yogurt

il burro

il formaggio

Dal salumiere

- Buongiorno signora, **desidera**?
- > **Vorrei due etti di prosciutto crudo**.
- Parma o S. Daniele?
- > Quello più dolce…
- Allora Le do il Parma!
- > **Tagliato sottile**, mi raccomando.
- Senz'altro, signora. **Desidera altro**?
- > Sì, **un pezzo di parmigiano** ben **stagionato** e del **formaggio fresco**…
- Abbiamo delle ottime **mozzarelle di bufala**.
- > Benissimo, ne prendo due!
- **Nient'altro**?
- > No, grazie. **Quant'è**?
- 25 euro.
- > Ecco a Lei, arrivederci!
- Grazie, a presto signora!

La carne

il vitello

il pollo

il tacchino

il coniglio

il maiale

il cavallo

la salsiccia

Il pesce

il tonno

il salmone

la trota

il polpo

l'aragosta

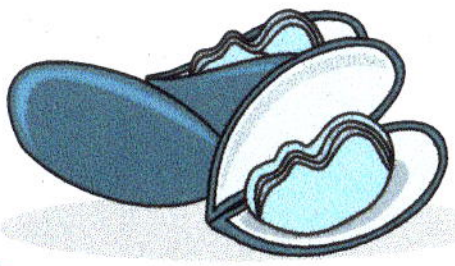

le cozze

- Hai già fatto la spesa?
- > Sì, ho comprato **due cosce di pollo**, **due bistecche di maiale** e un po' di **pesce**: una **trota**, due **tranci di salmone** ed **un chilo di cozze**.

Le erbe aromatiche

il basilico

la menta

l'origano

il prezzemolo

il rosmarino

il timo

I condimenti

l'olio d'oliva

l'aceto

il sale e il pepe

Esercizi

1) Abbina il contenitore all'alimento.

	piselli
	pomodori
vasetto	acqua
scatoletta	marmellata
pacco	maionese
bottiglia	biscotti
tubetto	tonno
scatola	pasta
	cioccolatini

2) Dove compri...?

	2 chili di albicocche
	1 etto di prosciutto cotto
	1 pollo
in edicola	le medicine
al supermercato	1 chilo di pomodori
al mercato	2 dozzine di uova
dal fruttivendolo	1 litro di latte
in pescheria	mezzo chilo di salsiccia
dal salumiere	5 chili di patate
in macelleria	un trancio di tonno
in pasticceria	una torta di pesche
in panetteria	un pezzo di parmigiano
in farmacia	1 chilo di pane casereccio
	3 bistecche di maiale
	il giornale

3) Trova gli errori.

1. Ho comprato due chili di pesche ben stagionate.
2. Ho bisogno di comprare del pane, vado in macelleria.
3. Devo comprare un po' di tutto, è meglio andare a fare la spesa dal salumiere.
4. Puoi prendermi un pacco di maionese?
5. Ho una grande passione per il parmigiano, fra i formaggi freschi è il mio preferito.
6. • Ti piacciono le arance?
   > Sì, i frutti di bosco sono i miei preferiti.

4) Completa i dialoghi.

1. • Buongiorno signora, _________________ ?
   > _________________ 2 chili di pomodori.
   • Ecco a Lei signora, è _________________ ?
   > Sì, grazie, _________________ fa?
   • € 2.
   > Ecco a Lei, arrivederci.
   • ArrivederLa.

2. • Buongiorno signora, desidera?
   > Vorrei 1 etto di _________________ crudo _________________ sottile, per favore.
   • Certo, signora.
   > _________________ 'altro?
   • No grazie. Quanto _________________ ?
   > € 2,25.
   • _________________, arrivederci.
   > ArrivederLa.

5) Trova le parole nascoste.

```
C H I L O B T A Z Z A F
D F O N S S G H D L N O
O T T E O R F Q O Z G T
I S A L U M I C V S U T
G E C A D N I S O A R E
G Q R T H D S L T L I S
A L E T E V Z A A U A A
M C M I A B L T L M O V
R D F C O A O T E I L A
O E S I S U A I G E L R
F E L N Q Z S N R R O E
P C I I O B F A E E P P
```

salumi	limoni	tazza
latticini	insalata	lattina
mercato	gelato	chilo
etto	salumiere	pollo
pesca	edicola	vasetto
formaggio	anguria	pera

Unità 17
I pasti e la cucina

I pasti

- Paolo, fai **colazione** la mattina?
- > Sì, sempre, per me è un **pasto** importante, faccio il pieno di energia per la mattinata: **spremuta d'arancia**, **latte** o **yogurt** con **cereali**, e una tazzina di **caffè**. E tu?
- Di solito prendo un **succo di frutta**, una scodella di **caffelatte** con **pane tostato** e **marmellata**, oppure una fetta di **torta**.

la colazione
fare colazione

- Dove **pranzi** di solito, Marco?
- > In mensa.
- E cosa mangi?
- > Come **primo**, un piatto di **pasta** o di **riso**, un **secondo** di **carne** o **pesce** con il **contorno** e la **frutta**.

il pranzo
pranzare

la cena
cenare

- Anna, che cosa hai mangiato ieri sera?
- > Una **cena** leggera: un **minestrone** di verdura, un **uovo** con un'**insalata**, la frutta. E tu?
- Io ho mangiato una **minestra** di **legumi**, un pezzo di **formaggio** con **verdura** e un **dolce**.

La cucina

Stasera abbiamo ospiti a cena. Sergio e Maria arriveranno fra poco, possiamo incominciare ad **apparecchiare la tavola**. Prima di tutto mettiamo una bella **tovaglia** colorata e i **tovaglioli**; poi i **piatti**, 2 **bicchieri** ciascuno (uno **da vino** ed uno **da acqua**) e le posate: i **coltelli**, le **forchette**, i **cucchiai** e i **cucchiaini**. Al centro della tavola mettiamo una **caraffa** d'acqua e una **bottiglia** di vino, una **saliera** con il sale ed il pepe e un'**oliera** con l'olio e l'aceto.

la tovaglia

il tovagliolo

il piatto

il bicchiere

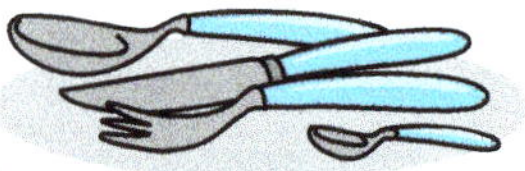

le posate

la forchetta

il coltello

il cucchiaio

il cucchiaino

la caraffa

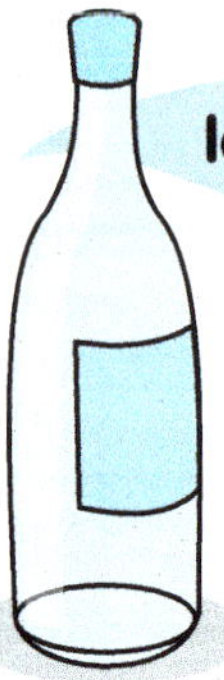

la bottiglia

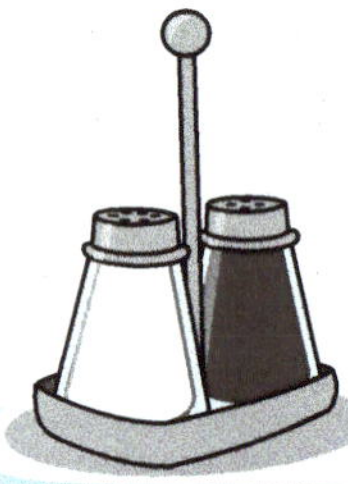

la saliera

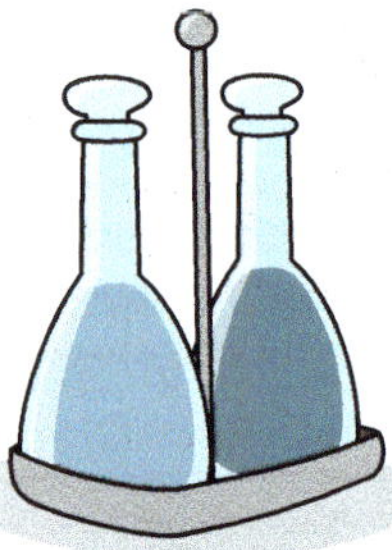

l'oliera

Per i nostri amici brasiliani abbiamo pensato di preparare delle tipiche ricette italiane: come **antipasto** una bella **insalata caprese**, come primo piatto **bucatini all'amatriciana**, **pesce al cartoccio** con **insalata mista** per secondo e infine il dolce… il famoso **tiramisù**!

Bucatini all'amatriciana

117

Ingredienti per 4 persone:

4 etti di bucatini
1 etto di guanciale o pancetta
1 etto di polpa di pomodoro
½ etto di pecorino grattugiato
1 pezzo di cipolla
1 pezzo di peperoncino rosso
olio
sale

Tempo necessario: 30 minuti

Prima di tutto prepariamo il sugo. Facciamo **rosolare** il guanciale **tagliato a pezzetti** con qualche cucchiaio di olio. Poi, **aggiungiamo** la cipolla **tritata**, il peperoncino e la polpa di pomodoro **tagliata** a filetti, **saliamo** e lasciamo **cuocere** per qualche minuto.
Intanto mettiamo a **bollire** una pentola d'acqua. Quando l'acqua inizia a bollire, mettiamo un po' di sale e **buttiamo la pasta**. Dopo circa 10 minuti, **scoliamo** la pasta **al dente** e la **condiamo** con la salsa.

Tiramisù

Ingredienti:

caffè
1 confezione di biscotti
4 uova
150 grammi di zucchero
250 grammi di mascarpone
250 grammi di panna montata
cacao amaro in polvere

Preparare 6 tazzine di caffè e lasciare **raffreddare**. Fare una crema zabaione con i rossi d'uovo e lo zucchero. A parte, preparare un composto di mascarpone e panna montata e aggiungerlo allo zabaione freddo, **mescolando** fino ad ottenere una crema omogenea. **Versare** sul fondo di un contenitore una parte della crema e poi metterci sopra 12-14 biscotti savoiardi **inzuppati** di caffè. **Spolverare** con cacao amaro. Ripetere la stessa operazione con la crema e gli altri savoiardi, e ricoprire con cacao. Raffreddare in frigo per 4 ore.

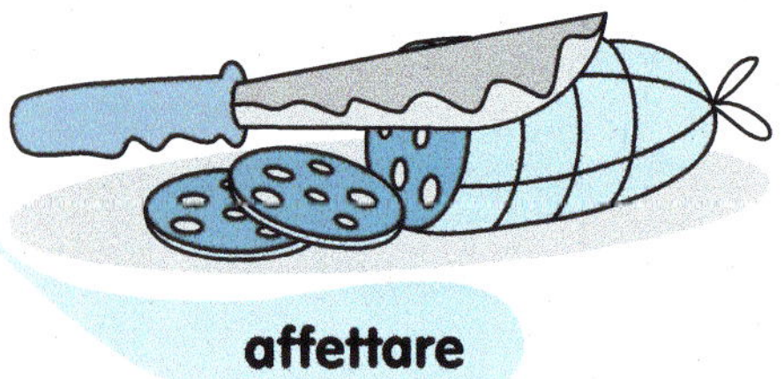

118

affettare

arrostire

bollire

condire

cuocere

friggere

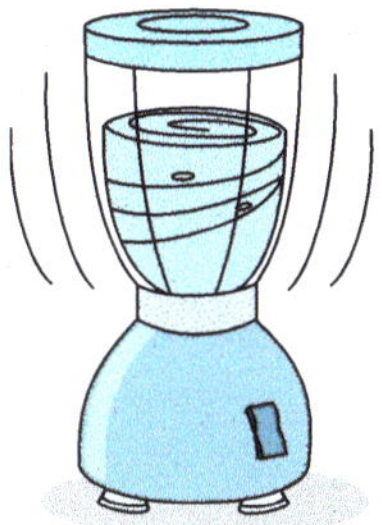

frullare

grattugiare

mescolare

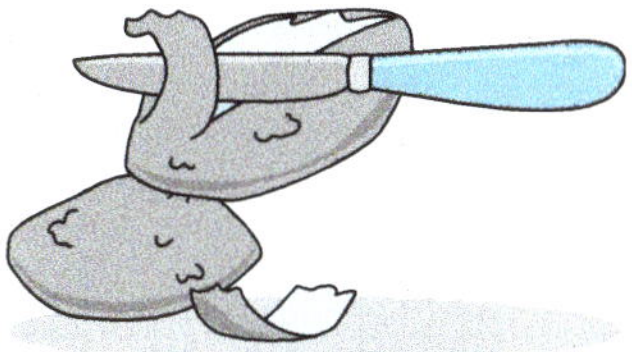

pelare

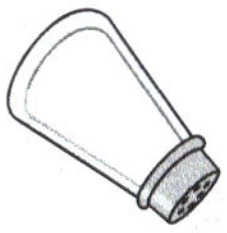

salare

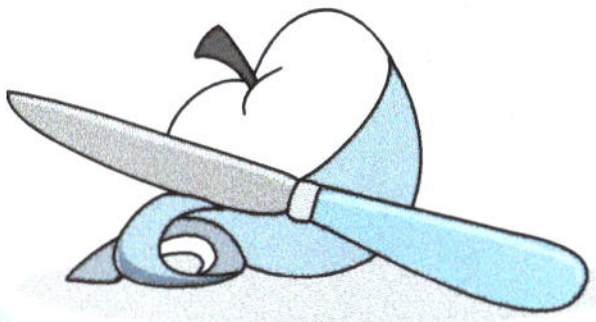

sbucciare

spremere

stappare

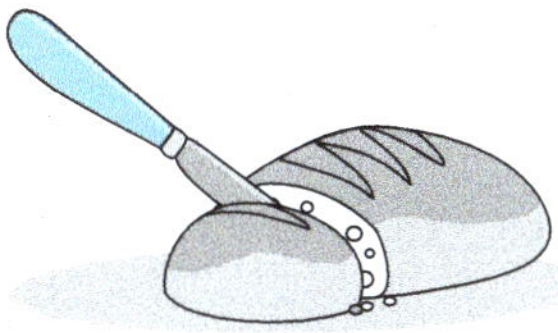

tagliare

tostare

tritare

versare

119

Gli utensili e gli elettrodomestici da cucina

l'apribottiglie

l'apriscatole

la bilancia

la caffettiera

la ciotola/la scodella

il forno a microonde

il frullatore

la frusta

la grattugia

il matterello

il mestolo

la padella

la pentola

la pentola a pressione

il robot da cucina

lo scolapasta

lo spremiagrumi

il tagliere

la teglia

la teiera

il tostapane

Com'è?

- Metti lo zucchero nel caffè?
- \> No, lo preferisco **amaro**. E tu?
- Ah, io metto sempre due cucchiaini di zucchero, mi piace **dolce**.

- Devi aggiungere un po' di sale al minestrone, mi sembra **insipido**.

- Puoi **assaggiare** il sugo della pasta, per favore?... Com'è?
- \> Molto **buono**!
- È abbastanza **salato**?
- \> Sì!
- È troppo **forte**?
- \> No, è **piccante**, ma è **gustoso**!

- Puah! Ma questo caffè è **terribile**! Hai messo il sale invece dello zucchero!

- Come la vuoi la bistecca?
- \> Ben **cotta**, non mi piace **al sangue**.

- Che verdure hai preparato per cena?
- \> Un'insalata di carote **crude** con olio e limone.

- Mmm… **squisite** queste lasagne!!!

- Apriamo un'altra bottiglia di vino perché questo è davvero **cattivo**!

Esercizi

1) Adesso tocca a te! Rispondi alle domande.

1. Qual è il tuo piatto preferito?

____

____

2. Sai cucinare?

____

____

3. Ti piace la cucina italiana?

____

____

2) Completa le frasi.

1. • È pronto il pollo?
   > No, deve ____________________ ancora, è crudo!
2. • Hai già fatto ____________________?
   > No, questa mattina non ho avuto tempo. Ora vado a prendere un caffè al bar.
3. Prepariamo la tavola: per prima cosa mettiamo la ____________________ .
4. Ho bisogno di un ____________________ per aprire la bottiglia di birra.
5. Questa minestra è ____________________! Mi passi il sale, per favore?
6. Il pranzo è il ____________________ più importante.

3) Trova l'opposto dei seguenti aggettivi.

1. gustoso ____________________
2. dolce ____________________
3. buono ____________________
4. insipido ____________________
5. crudo ____________________

4) Trova gli errori e riscrivi la ricetta.

Insalata caprese

Utensili per 4 persone: mezzo litro di mozzarella di bufala, mezzo chilo di pomodori freschi, origano, olio extra-vergine di oliva, sale, basilico.

Tritare a fette la mozzarella e i pomodori, mettere in un bicchiere le fette di pomodoro e coprirle con fette di mozzarella e foglie di basilico. Grattugiare origano e sale. Salare con olio extra-vergine di oliva.

____
____
____
____
____
____
____

5) E adesso tocca a te! Scrivi la ricetta di un piatto tipico del tuo Paese.

____
____
____
____
____
____
____

6) Risolvi gli anagrammi.

1. LTRERFOALU   _______________________
2. SRAOTERIR   _______________________
3. HCIIRCEBE   _______________________
4. GVOTOALOLI   _______________________
5. GIREFERG   _______________________
6. TRACEFATIEF   _______________________
7. ZLOINEOCA   _______________________
8. TOPANTIAS   _______________________

Unità 18
L'abbigliamento

- Qual è il tuo colore preferito?
- Che cosa indossi oggi?
- Che cosa preferisci indossare, vestiti eleganti, sportivi o casual?

I colori

Margherita **veste** in modo **elegante**. **Indossa** un **vestito** di **seta blu** con le **maniche corte**, dei **guanti bianchi** e un grande **cappello bianco**. **Porta** degli **occhiali da sole neri** e una **borsa** di **pelle marrone**. Ai piedi ha delle **scarpe nere**.

Davide veste sempre in modo **sportivo**. Indossa una **maglietta** di **cotone verde** abbastanza **lunga**, dei **bermuda neri**, **calzini bianchi** e delle **scarpe da ginnastica nere e bianche**. In testa porta un **cappellino beige**.

124

Francesco preferisce **vestirsi** in modo **casual**. Indossa **una giacca a quadri celeste**, **un maglione di lana giallo**, una **camicia celeste** e **un paio di pantaloni marroni**. Anche le **scarpe** sono marroni.

I vestiti

il completo/il vestito (da uomo)/l'abito

la giacca

i pantaloni

la camicia

la cravatta
il tailleur
la gonna
la camicetta
il maglione
la felpa
i jeans
il gilet
il giubbotto
la maglietta
i bermuda
il cappotto
l'impermeabile
la giacca a vento
il berretto
la sciarpa
il cappello

il vestito

la tuta

il giaccone

i guanti

Le calzature e gli accessori

le scarpe da uomo

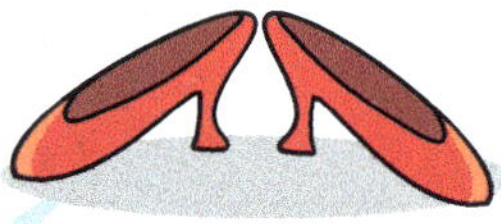

le scarpe da donna

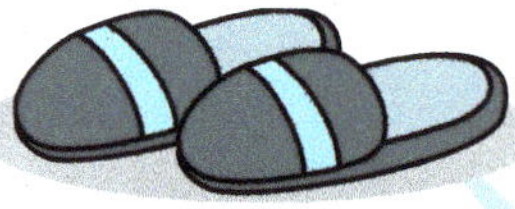

le pantofole

gli stivali

i sandali

le scarpe da ginnastica

la cintura

il portamonete/il borsellino

il portafoglio

la borsa

gli occhiali

l'ombrello

la collana

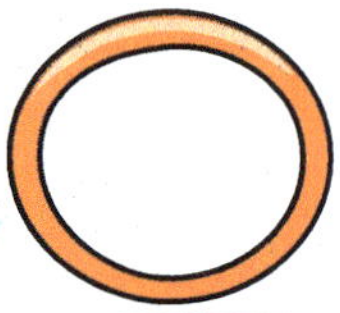

il braccialetto

l'anello

gli orecchini

La biancheria intima e...

la canottiera

le calze

i calzini

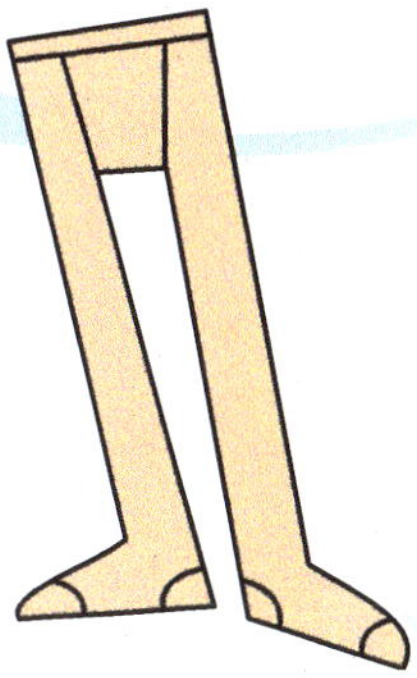

i collant

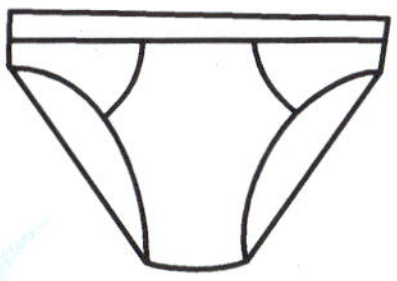

le mutande

i boxer

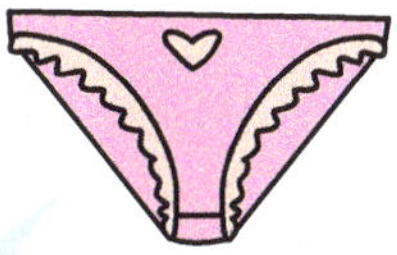

le mutandine

il reggiseno

la sottoveste

il pigiama

l'accappatoio

la camicia da notte

Lo stile e i tessuti

fantasia

a fiori

a pois

a righe

tinta unita

a quadri

scozzese

maniche lunghe

maniche corte

senza maniche

leggero

pesante

corto

lungo

largo

stretto

di cotone

di lana

di seta

di pelle

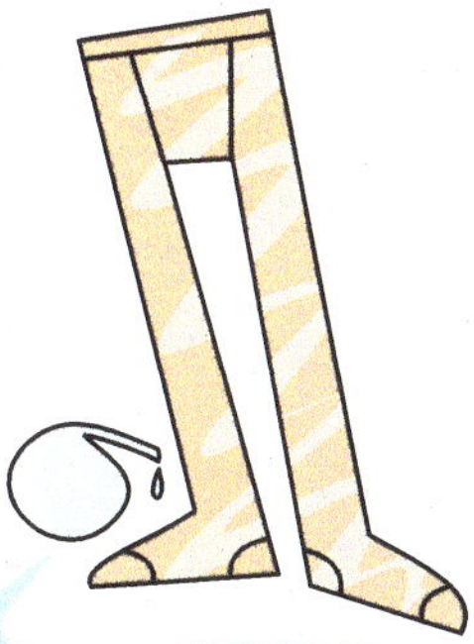

acrilico (agg.)

di lino

In un negozio d'abbigliamento

- Buongiorno!
> Buongiorno signora, desidera?
- Vorrei vedere una **camicetta a maniche corte**.
> **Di cotone o di seta**?
- Di seta.
> La preferisce **fantasia** o **tinta unita**?
- Tinta unita.
> Rossa, bianca o azzurra?
- Bianca.
> **Che taglia porta**, signora?
- **La 46**.
> Eccola… Se vuole, **può provarla**. Qui c'è un **camerino**… Prego.
- Grazie… Forse **è un po' stretta**. Ha una taglia più grande?
> Certamente, eccola!

…

- Sì, questa **mi va benissimo. Quanto costa**?
> € 95.
- La prendo!

In un negozio di calzature

- Buongiorno!
- > Buongiorno, desidera?
- Vorrei vedere quel **paio di scarpe nere** che sono in **vetrina**.
- > Quelle **eleganti** o quelle **sportive**?
- Preferisco quelle eleganti.
- > **Che numero**?
- **39**.
- > Eccole, le provi pure… **Come vanno**?
- Benissimo, sono molto **comode e morbide**. **Quanto vengono**?
- > Queste sono **in saldo, con lo sconto vengono € 120**.
- Sono un po' **care**, però mi piacciono molto… Va bene, le prendo!
- > Ottima scelta!

parlare del prezzo

quant'è?
quanto costa?
quanto viene/vengono (con lo sconto)?
è caro/a buon prezzo/mercato

parlare del numero/della taglia

che numero/taglia porta?
che taglia è?
che misura?

parlare del colore

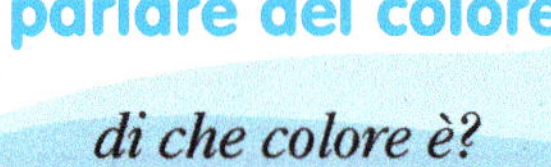

di che colore è?
c'è anche in nero?
come lo preferisce?

esprimere un parere

è un po'/troppo…
lungo/corto
largo/stretto
mi va/mi vanno bene
non mi va/non mi vanno bene

la cliente e la commessa

il camerino

provare

vestirsi

mettersi

togliersi

Esercizi

1) Completa le frasi.

1. Oggi fa molto caldo, mi metto una maglietta a maniche _________________ .
2. Buongiorno, posso vedere quella gonna che è in _________________ ?
3. Mi piace quella giacca ma è molto _________________ , costa € 400!
4. Giulio si veste in modo _________________ , porta sempre i jeans e le scarpe da ginnastica.
5. • Che _________ porta?
   > La 42.
6. Luisa lavora in un negozio di abbigliamento, fa la _________________ .

2) Che cosa indossano queste persone?

1. _________________

2. _________________

3. _________________

3) Prepara la valigia!

1. Ti prepari per una vacanza al mare. Che cosa metti in valigia?

____
____
____
____
____

2. Hai deciso di passare il fine settimana in montagna. Che cosa metti in valigia?

____
____
____
____
____

4) Abbina le risposte alle domande.

1. Cosa desidera?   a. La seta.
2. Che taglia porta?   b. € 120.
3. Che colore preferisce?   c. L'azzurro.
4. Va bene questa?   d. Una camicetta.
5. Quanto viene?   e. No, la preferisco con le maniche corte.
6. Quale tessuto preferisce?   f. La 44.

5) Trova gli errori.

1. Non puoi uscire di casa senza le pantofole!
2. Mi piace vestirmi in modo sportivo: camicia, giacca e cravatta sono i miei vestiti preferiti!
3. Che freddo! Mi tolgo il maglione di lana.
4. • Marco, hai già il cappotto?
   > Sì, sono pronto per andare a letto!
5. Oggi piove, prendiamo il portafoglio.
6. • Ti piace questa maglietta a righe?
   > No, preferisco quella tinta colorata.

6) Trova l'opposto.

1. pesante   ___________________________
2. largo   ___________________________
3. lungo   ___________________________
4. caro   ___________________________
5. fantasia   ___________________________
6. elegante   ___________________________

Unità 19
Lo sport

- Sei uno sportivo/a?
- Segui lo sport? Quale?
- Preferisci gli sport di squadra o individuali?

In casa Moretti sono tutti molto **sportivi**.

Giorgio, il padre, 57 anni, è un uomo molto dinamico. Ogni mattina, prima di andare al lavoro, **corre** nel parco vicino a casa e, durante il fine settimana, **gioca a golf**: è rilassante ed è un modo per stare all'aria aperta.

A Silvia, la madre, 55 anni, piace **stare in forma**. **Fa ginnastica** in **palestra** il martedì e il giovedì mattina. Adora i cavalli e **l'equitazione** è il suo sport preferito. Ogni sabato mattina, **va a cavallo** in un **maneggio** non molto lontano dal **campo da golf**.

Valerio, 27 anni, è un bravo **giocatore** di **pallacanestro**. Gioca con i suoi amici ogni mercoledì e venerdì sera. Gli piace questo sport perché è un modo per stare in compagnia e divertirsi.

Emma, 25 anni, ama **il nuoto** e va **in piscina** tre volte alla settimana. Inoltre ha una grande passione per la **pallavolo**.

Alessandro, 18 anni, è un ragazzo pieno di energia: è un ottimo **pattinatore**, **gioca a rugby** e gli piacciono molto le **arti marziali**, soprattutto il **karatè**.

Stefano, Luca e Alessio sono tre amici uniti da uno stesso interesse: lo sport.

Stefano è un appassionato di **calcio**: fa parte di una piccola **squadra** e **si allena** con i suoi compagni due volte alla settimana. È **tifoso** della Juve e spesso va allo **stadio** a vedere la **partita**.

A Luca piace il **tennis** e gioca una volta alla settimana. Non è ancora molto bravo, ma il suo **maestro** dice che sta migliorando.

Alessio va pazzo per lo **sci** e durante l'inverno passa tutte le domeniche sulle **piste da sci**. Da qualche tempo ha iniziato ad andare anche sullo **snowboard**.

Tutti e tre adorano il mare e gli **sport acquatici**, così, durante l'estate, vanno spesso in vacanza insieme in Sardegna: **fanno windsurf**, **immersioni**, **sci nautico**, **nuotano** e **vanno in barca a vela**.

Alberto fa l'**allenatore** di una squadra di **hockey su ghiaccio** e passa molto tempo nel **palazzetto dello sport**.
Quando è libero va in bicicletta (ha una bellissima **bici da corsa**) e segue il **ciclismo** alla TV.
Sua sorella Simona è una bravissima **atleta**: **pratica l'atletica leggera** da alcuni anni ed è una vera **campionessa***. Ha già vinto molte **gare** e sicuramente parteciperà alle prossime **Olimpiadi**.
Sergio, il fratello di Simona e Alberto, ha un'unica passione: la **Formula 1** e quando la Ferrari di Schumacher scende in pista rimane incollato alla TV per tutto il **Gran Premio**.

*__Attenzione__! Il maschile di campionessa è campione.

Sport di squadra

il baseball

il calcio

la pallacanestro

la pallavolo

il football americano

il rugby

l'hockey

la pallanuoto

il tennis
il golf
le arti marziali
l'aerobica
la scherma
il nuoto
i tuffi
la canoa
l'atletica leggera
la corsa ad ostacoli
il salto in lungo
il salto in alto
il lancio del giavellotto

135

la ginnastica artistica

il pugilato

il sollevamento pesi

lo sci

il pattinaggio
su ghiaccio

il motociclismo

Sport estremi

il rafting

l'alpinismo

il bungee jumping
(il salto con l'elastico)

il paracadutismo

Esercizi

1) Abbina l'attività sportiva al posto in cui praticarla.

1. ginnastica
2. calcio
3. pallacanestro
4. vela
5. nuoto
6. equitazione

a. piscina
b. mare
c. palestra
d. maneggio
e. stadio
f. palazzetto dello sport

2) Fare o giocare?

fare
giocare (a)

calcio
aerobica
pallavolo
golf
equitazione
nuoto
pallanuoto
paracadutismo
tennis
scherma

3) Completa le frasi.

1. Vado in _________________ tre volte alla settimana, il nuoto è la mia grande passione!
2. Luca è un grande _________________ dell'Inter, va sempre allo stadio per seguire la sua squadra del cuore.
3. Undici giocatori, un pallone e uno stadio: ecco a voi il _________________ !
4. Marco è un ottimo atleta, _________________ tutti i giorni.
5. Stefano va pazzo per la Formula 1. La scorsa settimana ha assistito al _________________ di Imola.
6. Andrea è un ragazzo molto coraggioso e gli piacciono gli _________________ .

4) Adesso tocca a te! Rispondi alle domande.

1. Ti piace lo sport? Secondo te è importante fare sport? Perché?

____
____
____
____
____

2. Quali sono i tuoi sport preferiti? Quali pratichi?

____

____

____

____

____

____

5) Trova le parole nascoste.

pallacpallavolopalestadioatletennisgiocatolimpiadicalcalcio
piscnuototatogiocatoreallenimmersionescheparacadutismo
pallpattinaggiosalcanoastabarcaavelasc

1. _________________	7. _________________
2. _________________	8. _________________
3. _________________	9. _________________
4. _________________	10. _________________
5. _________________	11. _________________
6. _________________	12. _________________

Unità 20

Un po' di geografia

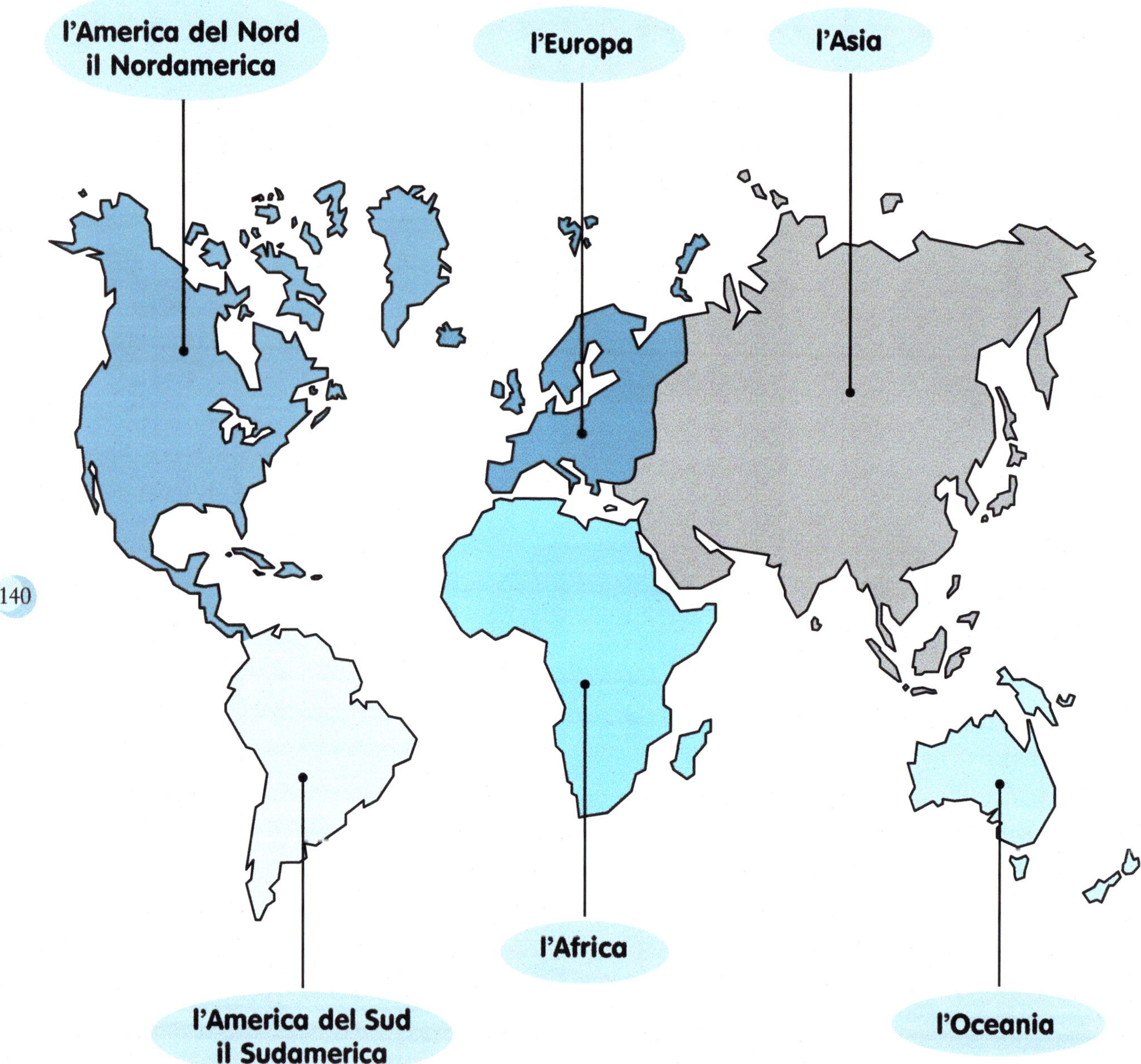

I continenti
l'America del Nord
il Nordamerica
l'Europa
l'Asia
l'Africa
l'America del Sud
il Sudamerica
l'Oceania

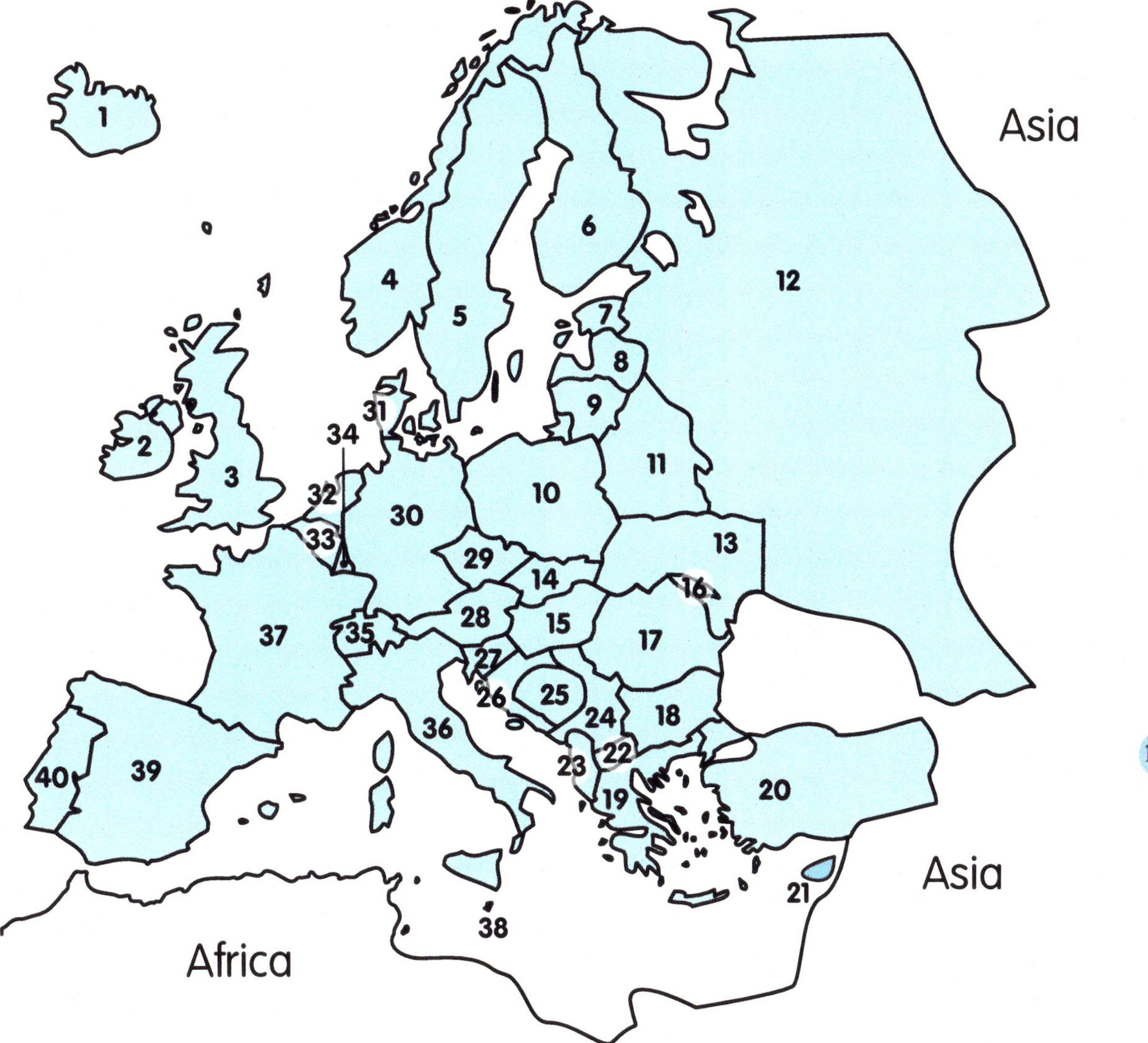

Le nazioni europee e i loro abitanti

1. Islanda/islandese
2. Irlanda/irlandese
3. Gran Bretagna/britannico
   Inghilterra/inglese
4. Norvegia/norvegese
5. Svezia/svedese
6. Finlandia/finlandese
7. Estonia/estone
8. Lettonia/lettone
9. Lituania/lituano
10. Polonia/polacco
11. Bielorussia/bielorusso
12. Russia/russo
13. Ucraina/ucraino

14. Slovacchia/slovacco
15. Ungheria/ungherese
16. Moldavia/moldavo
17. Romania/rumeno
18. Bulgaria/bulgaro
19. Grecia/greco
20. Turchia/turco
21. Cipro/cipriota
22. Macedonia/macedone
23. Albania/albanese
24. Serbia/serbo
25. Bosnia Erzegovina/bosniaco
26. Croazia/croato
27. Slovenia/sloveno

28. Austria/austriaco
29. Repubblica Ceca/ceco
30. Germania/tedesco
31. Danimarca/danese
32. Olanda/olandese
33. Belgio/belga
34. Lussemburgo/lussemburghese
35. Svizzera/svizzero
36. Italia/italiano
37. Francia/francese
38. Malta/maltese
39. Spagna/spagnolo
40. Portogallo/portoghese

L'Italia e le sue regioni

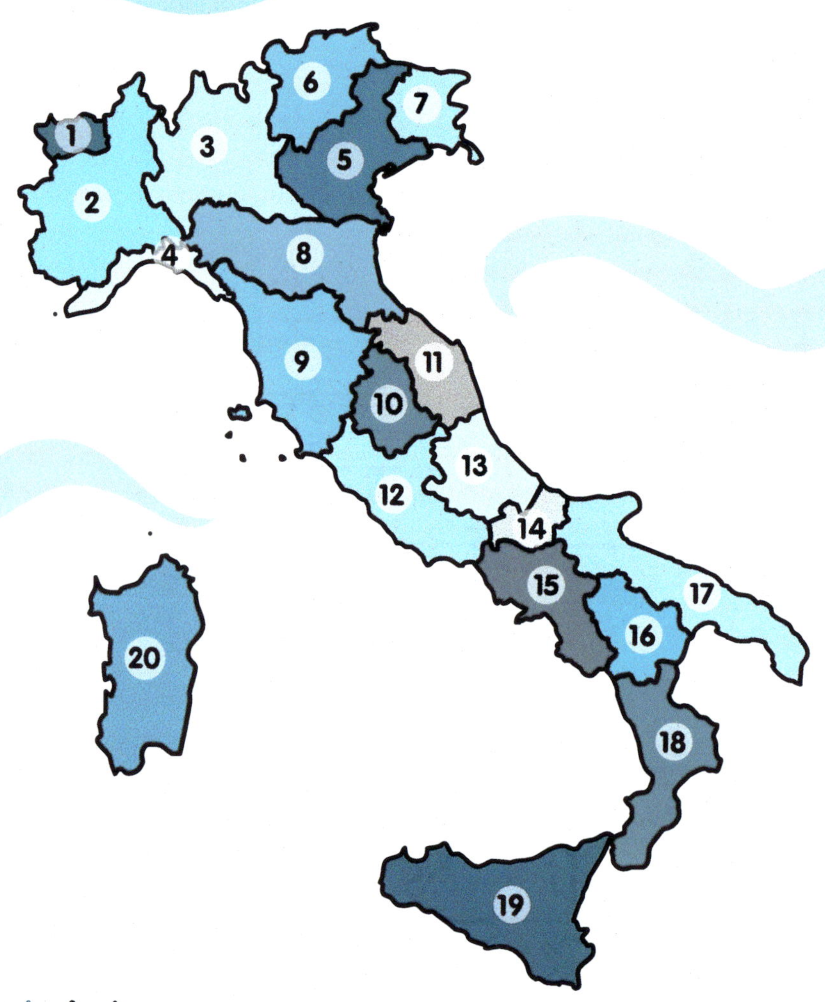

1. **Valle d'Aosta**: **Aosta**
2. **Piemonte**: **Torino**, Alessandria, Asti, Biella, Cuneo, Novara, Verbano-Cusio-Ossola, Vercelli.
3. **Lombardia**: **Milano**, Bergamo, Brescia, Como, Cremona, Lecco, Lodi, Mantova, Pavia, Sondrio, Varese.
4. **Liguria**: **Genova**, Imperia, La Spezia, Savona.
5. **Veneto**: **Venezia**, Belluno, Padova, Rovigo, Treviso, Verona, Vicenza.
6. **Trentino Alto Adige**: **Trento**, Bolzano.
7. **Friuli Venezia Giulia**: **Trieste**, Gorizia, Pordenone, Udine.
8. **Emilia Romagna**: **Bologna**, Ferrara, Forlì, Modena, Parma, Piacenza, Ravenna, Reggio Emilia, Rimini.
9. **Toscana**: **Firenze**, Arezzo, Grosseto, Livorno, Lucca, Massa Carrara, Pisa, Pistoia, Prato, Siena.
10. **Umbria**: **Perugia**, Terni.
11. **Marche**: **Ancona**, Ascoli Piceno, Macerata, Pesaro-Urbino.
12. **Lazio**: **Roma**, Frosinone, Latina, Rieti, Viterbo.
13. **Abruzzo**: **L'Aquila**, Chieti, Pescara, Teramo.
14. **Molise**: **Campobasso**, Isernia.
15. **Campania**: **Napoli**, Avellino, Benevento, Caserta, Salerno.
16. **Basilicata**: **Potenza**, Matera.
17. **Puglia**: **Bari**, Brindisi, Foggia, Lecce, Taranto.
18. **Calabria**: **Catanzaro**, Cosenza, Crotone, Reggio Calabria, Vibo Valentia.
19. **Sicilia**: **Palermo**, Agrigento, Caltanissetta, Catania, Enna, Messina, Ragusa, Siracusa, Trapani.
20. **Sardegna**: **Cagliari**, Carbonia-Iglesias, Medio Campidano, Nuoro, Ogliastra, Olbia Tempio, Oristano, Sassari.

Paesaggi

Soraga è un piccolo **paese di montagna ai piedi** delle Dolomiti, in Val di Fassa, nel Trentino. È circondato dal verde, da **prati** e **boschi** bellissimi. In lontananza si possono ammirare le splendide **cime** del Gruppo del Catinaccio. Vicino al paese c'è un piccolo **lago** artificiale e numerosi **sentieri** dove passeggiare tranquillamente in mezzo alla natura.

1. il paese
2. il bosco
3. il giardino/il parco
4. il campo
5. il prato (fiorito)
6. l'erba
7. il lago/il laghetto
8. la spiaggia
9. la sponda/la riva
10. il fiume
11. il ruscello
12. la roccia
13. la montagna
14. la cima/la vetta
15. la collina
16. la valle

l'albero

il cespuglio

il fiore

la cascata

il ghiacciaio

143

Esercizi

1) Trova l'intruso.

1. penisola	Irlanda	Italia
2. fiume	lago	albero
3. Francia	continente	Europa
4. montagna	mare	cima
5. italiano	francese	Malta
6. isola	mare	montagna

2) Completa le frasi.

1. Questa notte il cielo è chiaro e si vedono la _________________ e le _________________.
2. Julien è un ragazzo _________________, viene da Parigi.
3. L'Italia ha 20 _________________ .
4. La Francia è a _________________ dell'Italia ma a _________________ della Gran Bretagna.
5. Stefano ama sciare e va in _________________ .
6. L'Australia è il mio _________________ preferito, ci vado sempre in vacanza.

3) Trova gli errori e riscrivi il racconto.

Hubert è un ragazzo germano, di Berlino, ed è nel nostro Paeso per studiare italiano. L'anno scorso è venuto in Italia in vacanza e si è innamorato delle coline della Tuscania, così ha deciso di ritornarci. Nella sua classe di italiano ci sono altri ragazzi stranieri: un franceso, due ragazze inglesi e una svedesa. Il prossimo fine settimana vogliono andare tutti insieme a fare una gita nei pati della Maremma.

____

____

____

____

4) Risolvi gli anagrammi.

1. AMEGRINA _________________
2. EONOCA _________________
3. LANICLO _________________
4. ENITONCENT _________________
5. GEDRASNA _________________
6. ESINGEL _________________
7. GANTOMAN _________________
8. LESANOPI _________________
9. BART NAGNAGRE _________________
10. ZOINENA _________________

5) Inserisci le parole.

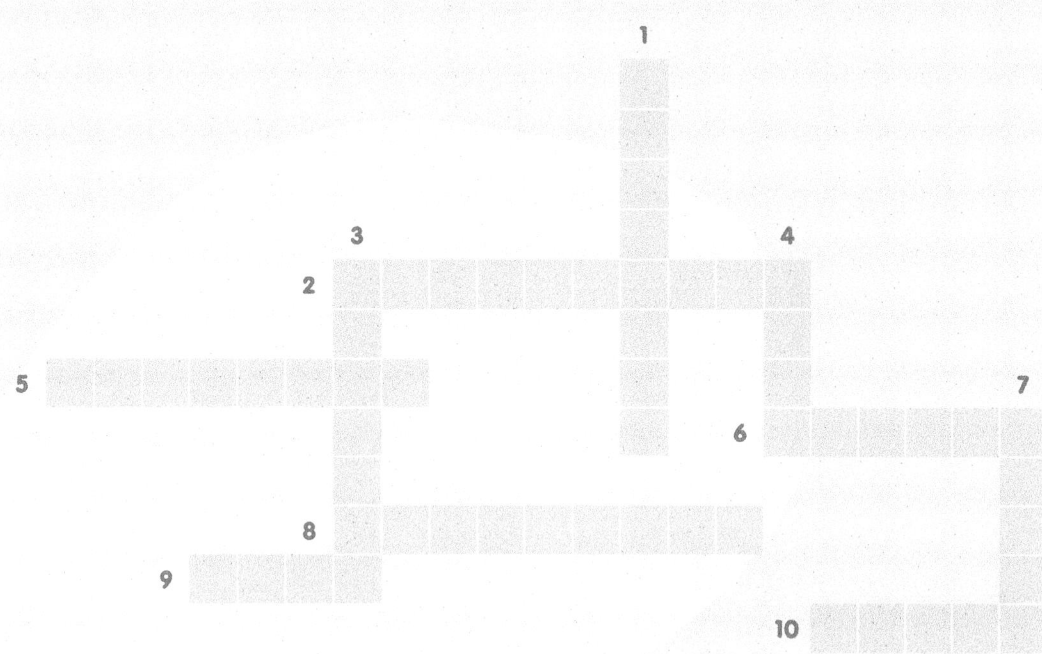

1. Un piccolo lago è un…
2. L'Europa è il vecchio…
3. Una montagna un po' "bassa" è una…
4. In un prato c'è molta…
5. Un piccolo fiume è un…
6. In un bosco ci sono molti…
7. Malta è una piccola…
8. Gli abitanti della Norvegia sono i…
9. Facciamo una passeggiata in… al fiume.
10. Sulla… della montagna c'è molta neve.

La città

le indicazioni stradali e i mezzi di trasporto

- Dove vivi? In una grande città, in una piccola città o in un paese?
- Quali mezzi di trasporto usi di solito in città?
- Usi spesso la macchina? Sì/no? Perché?

La città

Angela vive in una piccola città di provincia di circa 10.000 **abitanti**.
Nel **centro storico** c'è una bella **piazza** piuttosto grande con il **municipio**, la **chiesa**, bei **palazzi** e anche un **museo**. Sotto i **portici** ci sono parecchi **negozi**, un paio di **ristoranti**, una **gelateria** e due **bar** dove le persone si incontrano la sera.
Al centro della piazza c'è una **fontana** con una **statua**.
Non lontano si trova un bel **giardino pubblico** con molti **alberi**, **aiuole** piene di **fiori** e numerose **pan-chine** dove la gente, d'estate, ama fermarsi a chiacchierare al fresco.
Naturalmente ci sono anche le **scuole**.
C'è una **stazione ferroviaria**, un **supermercato**, un **cinema**, un **centro sportivo** e uno **stadio**.
È una città piuttosto tranquilla anche se, a volte, il **traffico** è abbastanza intenso.

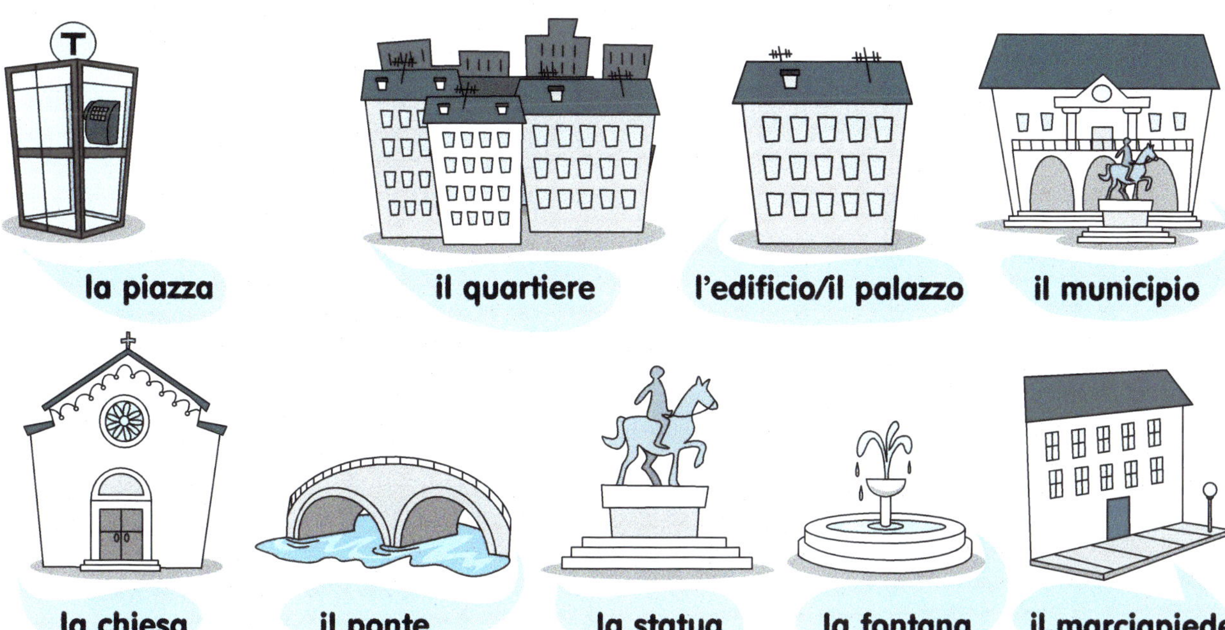

la piazza

il quartiere

l'edificio/il palazzo

il municipio

la chiesa

il ponte

la statua

la fontana

il marciapiede

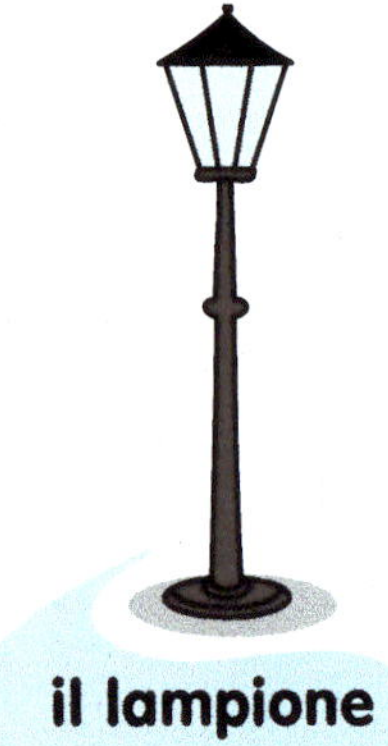

il lampione

la cabina telefonica

la strada e le strisce pedonali

il traffico

il giardino pubblico

la panchina

Per andare a...

Marta è appena arrivata a Torino, alla stazione Porta Nuova.
Deve andare a visitare la Mole Antonelliana, ma non sa la
strada. Allora va a chiedere informazioni all'ufficio turistico
della stazione.

- **Mi scusi, mi può dire dov'è** la Mole Antonelliana?
- > La Mole Antonelliana è in Via Montebello. Lei deve uscire dalla stazione in Corso Vittorio Emanuele II.
  Attraversa il corso e Piazza Carlo Felice; **di fronte** alla piazza c'è Via Roma. **Va sempre diritto fino
  in fondo alla** via e **si trova in** Piazza Castello. Qui **gira a destra in** Via Po, va diritto e **prende la
  quarta traversa a sinistra**, Via Montebello. Troverà la Mole Antonelliana **sulla sua sinistra**.
- Dunque, attraverso Corso Vittorio, diritto per Via Roma, fino in Piazza Castello, a destra in Via Po e poi
  la quarta a sinistra.
- > Esatto!
- Grazie mille.
- > Di niente.

Alberto è davanti a Porta Nuova e vuole andare alla Galleria d'Arte Moderna.

- Scusi, signora, **per andare alla** Galleria d'Arte Moderna, per favore?
- > È molto semplice. Qui a sinistra in Corso Vittorio, va sempre dritto fino a Corso Galileo Ferraris,
  attraversa il corso, gira a sinistra e **dopo pochi passi**, sulla destra, trova la Galleria.
- **È lontano a piedi**?
- > No, saranno solo dieci minuti.
- Grazie.
- > Prego.

Francesco è davanti a Palazzo Madama e cerca un ufficio postale.

- Scusi, **c'è un ufficio postale qui vicino**?
- > Sì, quello più vicino è in Via Maria Vittoria.
- **Come ci arrivo**?
- > Prende Via Roma qui a sinistra, va dritto fino a Piazza San Carlo e gira subito a sinistra in Via Maria
  Vittoria, **va avanti per** circa 200 metri e l'ufficio postale è sulla destra, **all'angolo con** Via S. Fran-
  cesco da Paola.
- La ringrazio.
- > Si figuri!

Per chiedere informazioni o indicazioni

Scusi/scusa	(per andare a) sa dov'è mi può dire dov'è può indicarmi dove posso trovare è vicino/lontano c'è	la Mole Antonelliana? Via Roma? il Museo Egizio? Via Po? la stazione "Porta Nuova"? l'ufficio postale? una banca qui vicino?

Per dare informazioni o indicazioni

Deve/devi andare	(sempre) diritto/dritto avanti a sinistra/a destra

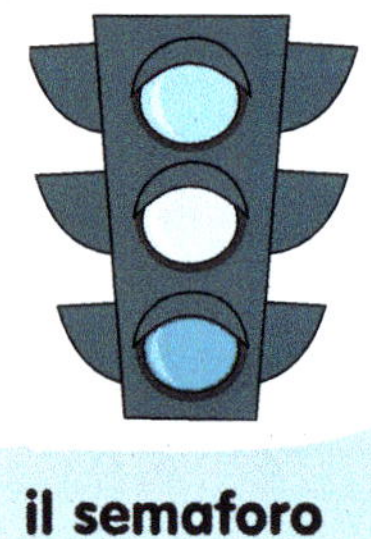

il semaforo

l'incrocio

Deve/devi prendere	la prima la seconda	via strada traversa	a destra a sinistra

Deve/devi girare/svoltare	a destra a sinistra

a destra

a sinistra

A/dopo/fino a	l'incrocio il ponte la piazza il semaforo	a destra a sinistra

| È | vicino
a due passi da qui
lontano
dietro l'angolo
a sinistra
a destra
là in fondo |

| Deve/devi attraversare | la piazza
l'incrocio
la strada
il ponte |

Deve/devi tornare indietro

| Saranno | 2
5
... | metri
chilometri
minuti (a piedi)
(in macchina) |

I mezzi di trasporto

Luisa e Giulio hanno un appuntamento in centro con degli amici e decidono come andarci.

Luisa: Che facciamo? Prendiamo la macchina?
Giulio: La macchina? Scherzi?! Questa è **l'ora di punta** e con **il traffico** che c'è **guidare** è impossibile!
Luisa: Hai ragione. E poi se rimaniamo bloccati in un **ingorgo** arriviamo in ritardo.
Giulia: Per non parlare del **parcheggio**! Solo la settimana scorsa ho **preso una multa** per divieto di sosta.
Luisa: Va bene, allora prendiamo l'autobus.

la macchina

la motocicletta

lo scooter/il motorino

la bicicletta

guidare

l'ingorgo

il parcheggio

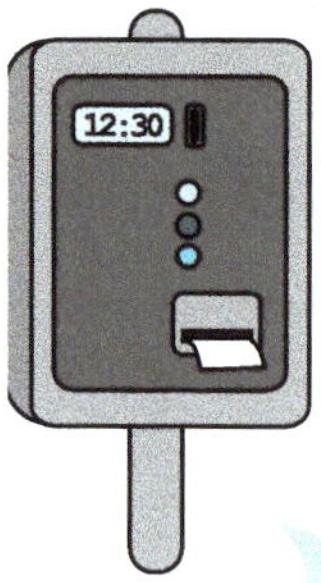

il parchimetro

dare una multa

il vigile

Silvia vuole visitare il Museo Egizio, ma non conosce bene la città e non sa quale mezzo di trasporto prendere. Chiede informazioni a una signora che incontra per strada.

- Mi scusi, signora, sa dirmi se c'è un mezzo che va al Museo Egizio?
> Sì, c'è il tram 18.
- **Può dirmi dov'è la fermata**, per favore?
> In Via Po, **la seconda strada a sinistra. La fermata è di fronte alla** chiesa.
- Grazie, molto gentile.
> Prego, arrivederci.

- Mi scusi, per il Museo Egizio, **a quale fermata devo scendere**?
> Deve scendere alla terza fermata in Via Lagrange. Il Museo è proprio lì vicino.
- Grazie mille!
> Prego!

153

ESERCIZI

1) Completa le frasi.

1. Nella piazza principale della mia ___________ c'è una grande _______________ con molta acqua.
2. Nel giardino pubblico ci sono molte ______________ dove le persone possono sedersi.
3. Ho dimenticato il mio telefono cellulare a casa, devo trovare una ______________ .
4. Marco, non attraversare adesso la strada, il ______________ è rosso!
5. Mi scusi, a quale _______________ devo scendere per il Museo dell'Automobile?
6. • Simone perché sei così arrabbiato?

   > Il vigile mi ha appena dato una _______________ !

2) Trova gli errori.

1. Non mi piace portare la macchina nel momento di punta!
2. Scusi, c'è una banca qui lontano?
3. Devi attraversare sulle strisce stradali!
4. Scusi, c'è un pezzo che va in centro?
5. Marina va in edicola a comprare una carta per l'autobus.
6. Buongiorno, mi deve dire dov'è la Mole Antonelliana?

3) Adesso tocca a te! Com'è la città dove vivi? Descrivila brevemente.

____
____
____
____
____
____
____
____
____
____

4) Elimina l'intruso.

1. autobus   tassì   biglietto
2. strada   attraversare   marciapiede
3. tram   parcheggio   automobile
4. panchina   giardino pubblico municipio
5. traffico   semaforo   ingorgo
6. incrocio   fiume   ponte

5) Guarda la cartina e crea il dialogo.

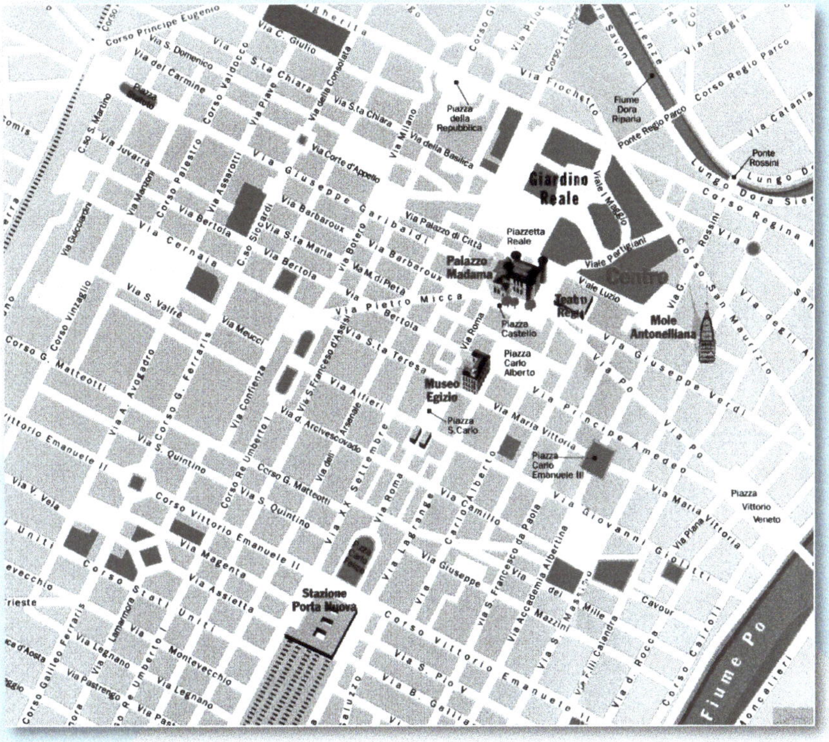

1. Matteo è in Piazza Castello e deve andare in Piazza della Repubblica, ma non sa la strada. Chiede informazioni ad un passante.

2. Fabio è in Piazza Statuto e vuole visitare il Museo Egizio. Chiede informazioni.

6) Trova le parole nascoste.

C	A	L	J	P	A	N	C	H	I	N	A	O	R	S	T
A	L	P	O	I	A	S	D	F	G	H	N	T	Q	V	B
B	N	H	T	A	V	H	U	I	O	T	A	R	T	H	G
I	R	E	D	Z	E	O	N	I	R	O	T	O	M	I	U
N	Z	S	F	Z	M	Q	N	I	F	E	N	P	C	V	B
A	S	E	M	A	F	O	R	O	Z	R	O	S	D	L	M
T	S	O	D	A	B	C	D	E	F	G	F	A	D	A	O
E	U	C	X	E	Q	Y	I	I	S	A	S	R	R	P	I
L	B	I	G	L	I	E	T	T	O	C	C	T	U	I	G
E	O	H	K	L	T	P	Y	O	R	K	U	I	F	N	G
F	T	E	R	T	G	V	A	B	R	U	C	D	P	C	E
O	U	B	N	M	H	K	I	I	M	A	H	I	B	R	H
N	A	U	V	O	T	S	T	G	C	B	O	Z	A	O	C
I	S	Q	E	A	S	W	T	A	I	R	S	Z	E	C	R
C	M	P	L	A	B	M	G	Q	T	L	A	E	V	I	A
A	N	A	T	I	L	O	P	O	R	T	E	M	O	O	P

semaforo
cabina telefonica
tassì
fontana
vigile
incrocio
mezzi di trasporto
piazza
panchina
biglietto
motorino
tram
autobus
parcheggio
metropolitana
marciapiede

Le vacanze

Dove andiamo in vacanza?

- Come passi le vacanze di solito?
- Preferisci il mare o la montagna?
  > Una vacanza sportiva e avventurosa o un viaggio culturale?
  > I viaggi organizzati o il "fai da te"?
- Ti piace di più stare in albergo o in campeggio?

Eccoci finalmente a Firenze! È una città stupenda! Siamo qui da due giorni e abbiamo già visto molte cose: il Ponte Vecchio, il Battistero, il Duomo (siamo saliti in cima al Campanile), il famoso David di Michelangelo (impressionante!). Ieri abbiamo anche fatto una visita guidata della città (molto interessante!). Siamo in un piccolo albergo non lontano da Piazza della Signoria, dove la sera ci sono sempre musicisti, mimi, attori e giocolieri. Oggi andiamo a visitare il museo più importante, la Galleria degli Uffizi e poi vogliamo comprare dei souvenir.

Ciao, a presto

Baci
Fabio e Simona

Gent.ma Sig.ra
Valeria Scotti
Via della Rocca, 6

10100 TORINO

il turista "fai da te"

la cartina

visitare monumenti

comprare souvenir

Al mare

Stefano: Ciao Simone!

Simone: Ciao, Stefano, come stai? È un po' che non ci vediamo!

Stefano: Eh sì, sono appena tornato dalle vacanze.

Simone: Ah vedo, sei **abbronzantissimo**! **Dove sei stato di bello**?

Stefano: Beh, come al solito **al mare**. Sono andato in Sardegna, con un gruppo di amici.
Abbiamo trovato un bellissimo **campeggio** a Stintino. È un posto stupendo: ci sono grandi **spiagge** di **sabbia** bianca e il mare è favoloso! Hai voglia di stare sempre in acqua.
Abbiamo nuotato molto, ci siamo rilassati, **abbiamo preso il sole**, ed abbiamo fatto anche qualche giro in barca.

Simone: Fantastico! E il tempo, com'era?

Stefano: Sempre bello, piuttosto caldo ma con un po' di vento.

Simone: E la sera? Cosa facevate?

Stefano: La sera? Siamo andati parecchie volte a mangiare il pesce in un piccolo ristorante molto caratteristico proprio **in riva al mare**. E poi, spesso, andavamo in discoteca o a passeggiare sul **lungomare**.

la spiaggia

la sabbia

l'ombrellone

la conchiglia

il salvagente

il materassino

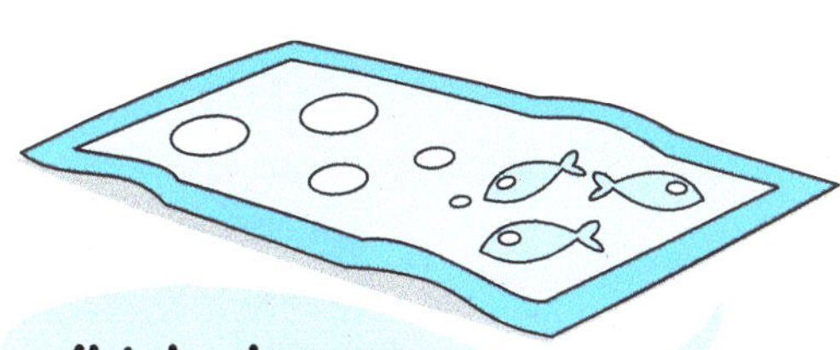

il costume da bagno

il telo da mare

gli occhiali da sole

la crema solare

la barca

la moto d'acqua

la sdraio/il lettino

prendere il sole/abbronzarsi

la maschera
e le pinne

l'onda

le ciabatte da

il bagnino

159

In campeggio

la tenda

il camper

la roulotte

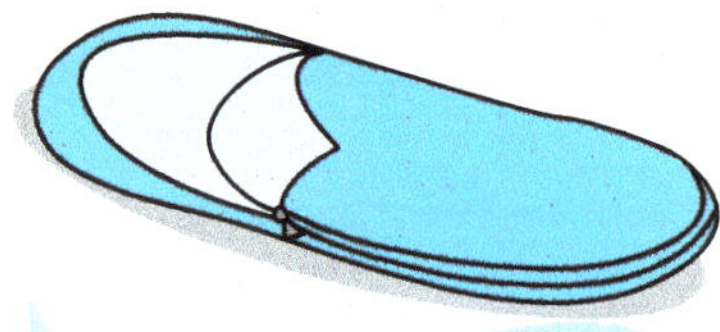

il sacco a pelo

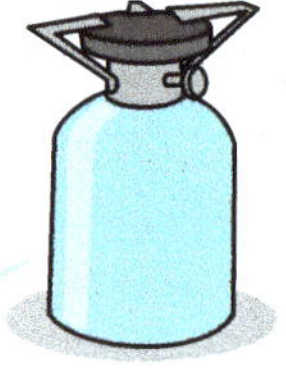

il fornellino

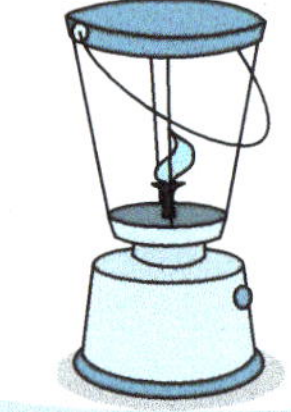

la lampada ad olio

In montagna

Roberta: Ciao, Angela!

Angela: Oh, ciao Roberta! Quando sei tornata?

Roberta: Due giorni fa.

Angela: Allora, come è stata la vacanza nelle Dolomiti?

Roberta: Bellissima, mi sono rilassata, ho fatto lunghe **passeggiate** nei **boschi** a piedi e in bicicletta, e qualche **escursione** ai **rifugi**. Sono anche salita in **funivia** sul Pordoi, a 2950 metri. Uno spettacolo unico!

Angela: Insomma, il Trentino ti è piaciuto?

Roberta: Moltissimo! Molto verde, montagne splendide e poi… la cucina…

Angela: Ah sì? Hai mangiato bene?

Roberta: Benissimo, **ho alloggiato** in un **agriturismo** molto caratteristico, tranquillo e silenzioso, dove ho mangiato anche i piatti tipici della regione.

Angela: Hai fatto molte foto?

Roberta: Sì, se vuoi vederle vieni da me una di queste sere.

Angela: Con piacere!

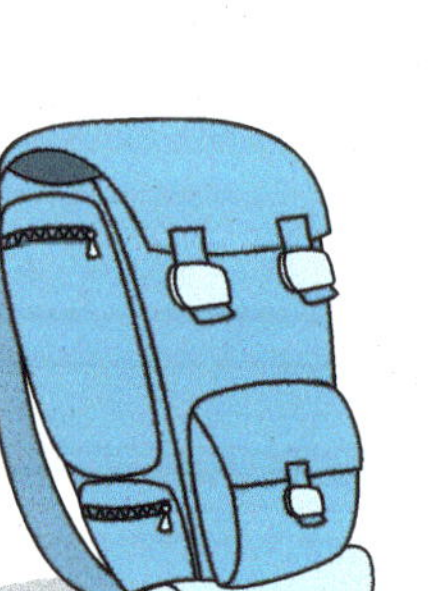

il bosco

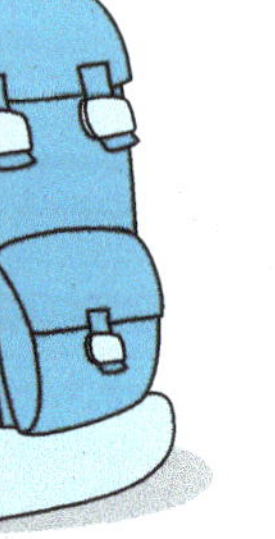

gli scarponi da montagna

lo zaino

il binocolo

Viaggiare...

- Come preferisci viaggiare? Perché?
- Prendi spesso l'aereo?
- Hai mai fatto un viaggio in nave?

in aereo

in treno

in auto

in moto

in nave

in autostop

Alla stazione

- Buongiorno, un **biglietto di andata e ritorno** per Roma, per favore.
- > **Prima o seconda classe**?
- Seconda, grazie.
- > Intercity o diretto?
- Intercity. Quant'è?
- > Con il **supplemento** sono € 80.
- Da quale **binario** parte il treno?
- > Dal binario 16.
- Grazie, arrivederci.

il vagone/la carrozza

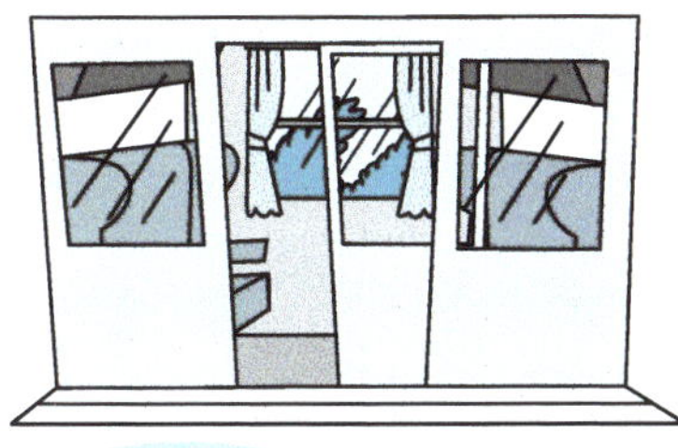

lo scompartimento

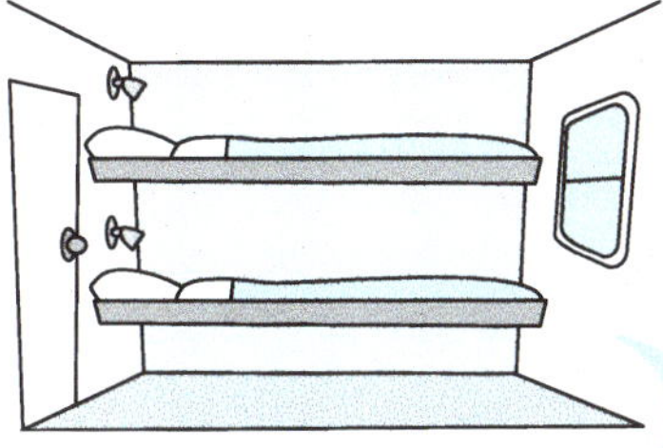

la cuccetta

il vagone ristorante

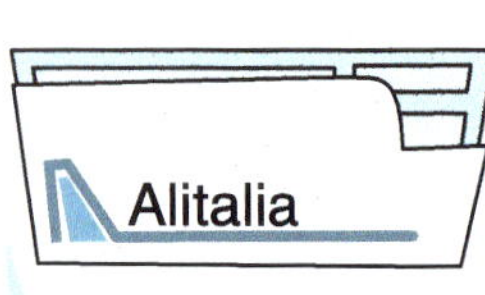

il biglietto

l'imbarco

i passeggeri

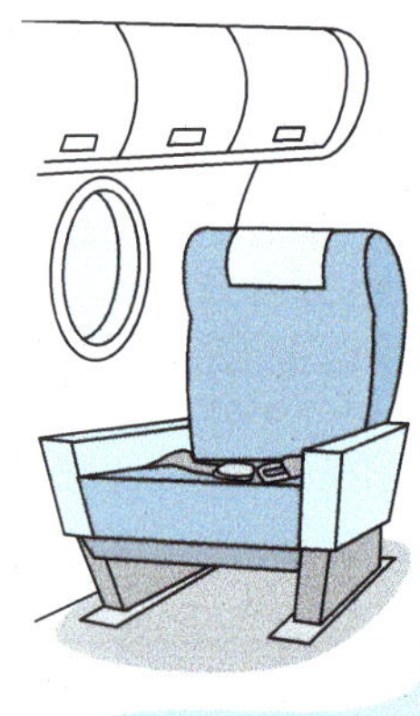

il posto

l'hostess/lo steward
gli assistenti di volo

la sala d'attesa

> Allora Carlo, quando parti per New York?
• Fra due giorni. Guarda, ho appena ritirato il **biglietto**. Sono molto emozionato, sai, è la prima volta che **salgo su un aereo**.
> Davvero? Hai paura?
• Sì, un po', soprattutto perché è un **viaggio** piuttosto lungo.
> E a che ora parti?
• Ho prenotato un **posto** sul **volo** delle 6,45.
> Uhm… Così devi alzarti prestissimo!
• Eh sì, devo essere all'**aeroporto** almeno un'ora prima dell'**imbarco**.
> Allora, buon viaggio!
• Grazie, a presto!

1) Completa le frasi.

1. Non amo i viaggi costosi, scelgo sempre la seconda ________________ .
2. Claudia è un'appassionata d'arte e preferisce le vacanze ________________ .
3. Marta ha paura di volare e non viaggia mai in ________________ .
4. La vacanza ideale per stare a contatto con la natura e mangiare la cucina tipica è in ____________ .
5. I bambini adorano andare al mare perché possono fare i castelli di ________________ .
6. Non prendere così tanto sole, stai sotto l'________________ !

2) Elimina l'intruso.

1. spiaggia	costume da bagno	scarponi
2. maschera	sacco a pelo	tenda
3. prendere il sole	crema solare	zaino
4. aereo	auto	camper
5. barca	sabbia	conchiglie
6. pinne	occhiali da sole	maschera

3) Trova gli errori.

1. Sono andata in spiaggia e ho preso il mare.
2. Oggi è una bellissima giornata e c'è molto sole. È meglio mettere gli occhiali da vista.
3. Scarponi e maschera sono necessari per fare un'immersione.
4. Quando vado in spiaggia mi piace raccogliere funghi.
5. Non mi piacciono i viaggi organizzati, ma preferisco le visite guidate.
6. Le mie vacanze preferite sono quelle in campeggio, adoro dormire in albergo!

4) Adesso tocca a te! Racconta la tua ultima vacanza.

____
____
____
____
____
____
____
____
____
____
____
____

5) Completa le parole.

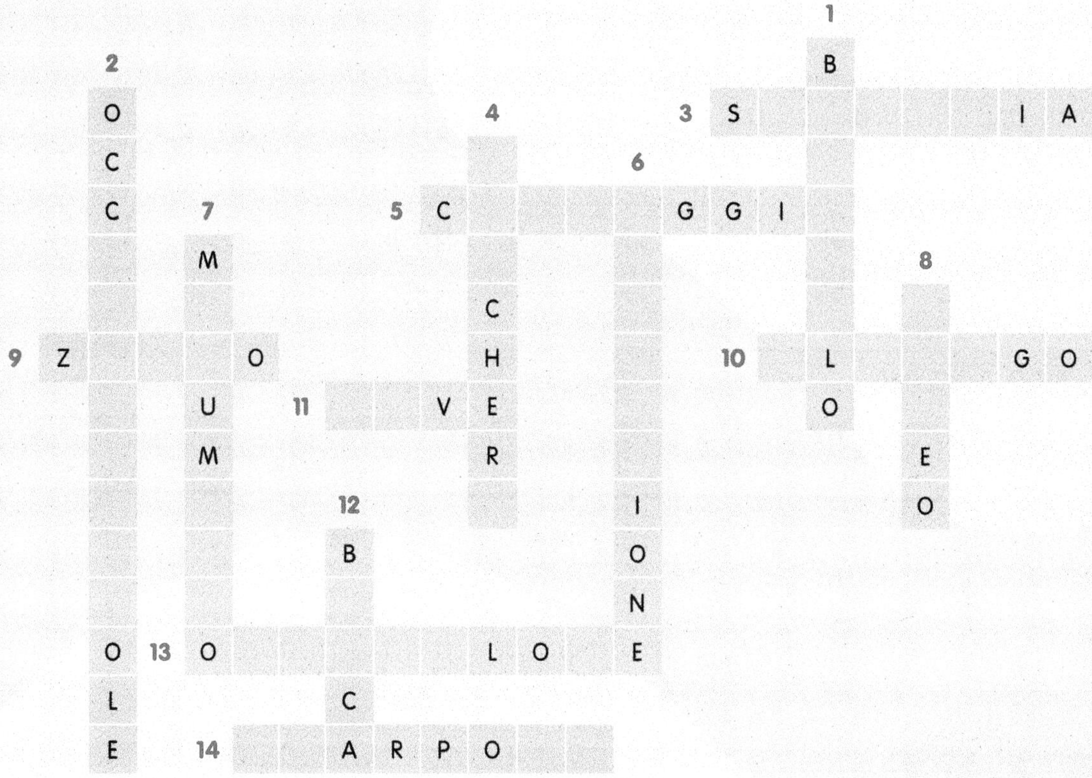

ESERCIZI di ricapitolazione

1) Scrivi il nome sotto le figure.

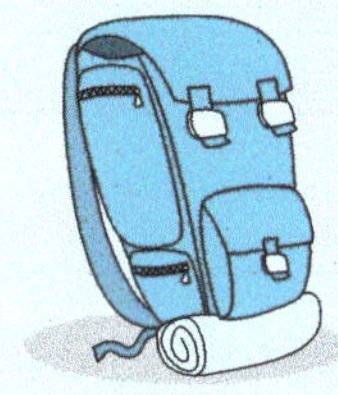

1. _______________ 2. _______________ 3. _______________ 4. _______________

5. _______________ 6. _______________ 7. _______________ 8. _______________

2) Trova gli errori.

1. l'esercicio _______________
2. la forcetta _______________
3. la montagnia _______________
4. la piova _______________
5. il rafredore _______________

6. il baristo _______________
7. il simaforo _______________
8. il cuaderno _______________
9. l'alpicocca _______________
10. i ginitori _______________

3) Quali verbi del riquadro sono rappresentati in figura?

1. _______________ 2. _______________ 3. _______________ 4. _______________

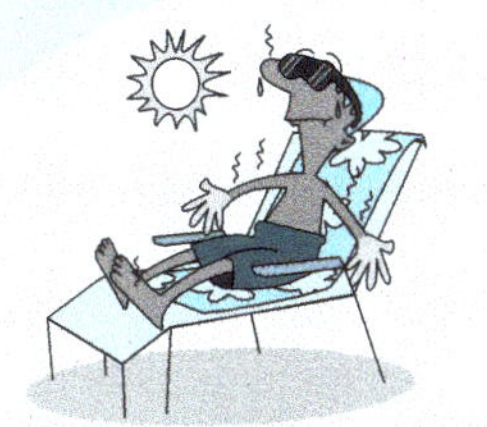

5. _______________ 6. _______________ 7. _______________ 8. _______________

guardare, farsi il bagno, svegliarsi, bere, sciare, cucinare, mangiare, fare la spesa, alzarsi,
guidare, nuotare, ascoltare la musica, dormire, prendere il sole, farsi la doccia, vestirsi

4) Risolvi gli anagrammi.

1. Fra ottobre e dicembre c'è   MOBERNEV   ________________
2. È mezzanotte, hai sonno e vai a   MIDERRO   ________________
3. Ho voglia di una pizza, vado in   ZEPIZARI   ________________
4. In montagna mi piace   ARSICE   ________________
5. Io vivo in un   PATRAMOPANTE   ________________
6. Oggi non sto bene, ho l'   LINEFANZU   ________________
7. Al centro della piazza c'è una   TOFANNA   ________________
8. Mathias è di Berlino, è   SCEDETO   ________________
9. Sono le 8:00, ho fame e faccio   LACIOZENO   ________________
10. I ragazzi vanno a scuola per   PARMIERA   ________________

5) Completa le parole.

1. Il marito di tua sorella è tuo…
2. Lo sport con 2 squadre di 11 giocatori e uno stadio.
3. Quando vuoi pranzare apparecchi la…
4. La prossima settimana è il mio compleanno e preparo una…
5. Non mi sento bene, forse ho la…
6. Mi piacciono molto i libri d'…
7. Il fratello di mio padre è mio…
8. Con lo… il caffè è dolce.
9. Nel mio soggiorno c'è una… con molti libri.
10. Il plurale di braccio è…
11. In vacanza amo andare in… a prendere il sole.
12. Devo prendere lo… per la tosse.
13. Andiamo al… a prendere un caffè!
14. Il… per Roma parte dal binario 5.
15. Fra aprile e giugno.
16. È l'una e ho fame, è il momento di…

6) Trova la risposta giusta.

arancia	portare	dormire	freddo
arangia	vestirsi	addormentarsi	raffreddore
orangia	rendere	alzarsi	raffreddo

turista	scrivere	camicetta	capelli
turisto	leggere	gonna	cappelli
turiste	sentire	camicia	capeli

7) Trova le parole nascoste.

materassino
cucina
evidenziatore
pigiama
pastiglia
lavatrice
stazione
cena
pomeriggio
peperone
scatoletta
colazione
fumetto
cugino
famiglia
frutti di bosco

```
R E C S C A T O L E T T A N M O P
P K O S E E M P A A I L G I M A F
A I T Y E V S A A I E J E F E S R
S N T I M I B E I O N N E A N U U
T D E D O D B U T G O S P T O P T
I E M A T E R A S S I N O U I E T
G R U O S N D O N T Z P M R Z R I
L N F A R Z K N O W A N E L A C D
I E D A N I C U C U T O R A L A I
A I D U O A S O T R S U I C O L B
O N E S S T E B A O N I G U C I O
U J E T T O S O M M E S G U B F S
I A E C I R T A V A L R I H A R C
E E N O R E P E P O C H O M H A O
```

8) Elimina l'intruso.

1. pomodoro   cerotto   carciofo
2. pantaloni   occhiali   giacca
3. mare   ombrellone   neve
4. ghiaccio   caldo   sole
5. pulizie   bucato   chiacchiere
6. mercoledì   sabato   fine settimana
7. teatro   lavoro   cinema
8. caffelatte   cappuccino   pizzetta
9. aereo   treno   assistente di volo
10. campagna   traffico   città

9) Trova le parole nascoste.

fortappartamentomentformaggiocavalvacanzabig
lienuotarevestipettinarsidocvascamarciastradatem
parventocolazipranzomontcampeggiocertal
antibiantipastopantalopastigliafamio

1. _________________   7. _________________
2. _________________   8. _________________
3. _________________   9. _________________
4. _________________   10. _________________
5. _________________   11. _________________
6. _________________   12. _________________

10) Completa le frasi.

1. • Come bevi il _________________ ?
   > Mi piace macchiato.
2. • Ti piace _________________ a tennis?
   > Sì, è il mio sport preferito!
3. Sto male, ho la _________________ alta.
4. Scusi, può parlare più _________________ ? Non capisco.
5. Che _________________ , si gela!
6. Gianni è un ragazzo molto _________________ , ha sempre difficoltà a fare amicizia.

SOLUZIONI

Unità 1 - INCONTRI

1) Completa i dialoghi.

1. Sono le otto di sera. Il signor Pasotti incontra la signora Moretti.
   • Buonasera signora Moretti, come sta?

   > Sto bene, grazie, e Lei ?
   • Così così.

   > ArrivederLa!
   • ArrivederLa !

2. Sono le dieci del mattino. Marco incontra Andrea all'università.
   • Ciao Andrea!

   > Ciao Marco, come stai?
   • Non c'è male, e tu?

   > Bene, grazie.
   • Ciao Andrea!

   > A più tardi.

3. Luigino incontra la sua vicina di casa, la signora Ricci, alle nove del mattino.
   • Buongiorno, signora Ricci!

   > Ciao Luigino, come stai?
   • Bene, grazie, e Lei?

   > Bene, grazie. Ciao, Luigino!
   • ArrivederLa!

2) Rispondi con un augurio.

1. Buon divertimento.
2. Buonanotte/sogni d'oro.
3. In bocca al lupo.
4. Buon fine settimana.
5. Buon viaggio.
6. Buon Natale.
7. Buon appetito.

3) Scegli la spiegazione corretta.

1a, 2a, 3b, 4b, 5b, 6b

4) Trova le parole nascoste.

Unità 2 - A SCUOLA

1) Completa le frasi.

1. Ragazzi, ascoltate la cassetta e ripetete le frasi.
2. Scusa, cosa significa/vuol dire "righello"?
3. Il mio insegnante spiega molto bene, le sue lezioni sono sempre chiare.
4. Paola e Andrea, leggete a voce alta il dialogo!
5. Questa frase è sbagliata, c'è un errore.
6. Scusi, può ripetere? Non ho capito!

2) Trova gli errori.

1. Hai un temperamatite? Devo temperare la mia matita.
2. Scusi, posso fare una domanda?
3. Lorenzo frequenta un corso di francese.
4. Giulia e Fabio, fate l'esercizio a pagina 45.
5. Scusi, può parlare più lentamente? Non ho capito.
6. Ragazzi, completate le frasi a pagina 89.

3) Abbina le parole.

1e, 2d, 3f, 4b, 5a, 6c

4) Risolvi gli anagrammi.

1. SPIEGARE
2. VIRGOLA
3. NUMERI
4. QUADERNO
5. DIALOGO
6. DOMANDA

5) Trova le parole nascoste.

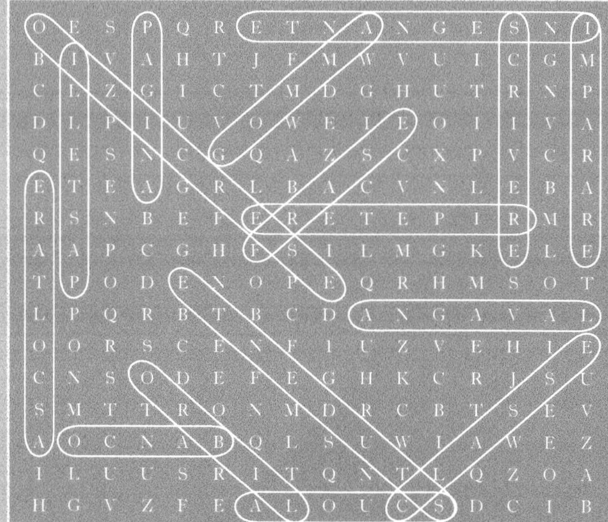

Unità 3 - IL TEMPO CHE PASSA

1) Vero o falso? Controlla l'agenda di Matteo.

1 F, 2V, 3F, 4V, 5F, 6V, 7V, 8F

2) Guarda il cartello e rispondi alle domande.

1. Il martedì apre alle 9.
2. Il giovedì l'ambulatorio chiude alle 16.
3. Il lunedì è aperto dalle 9 alle 12.
4. L'ambulatorio è chiuso il sabato e la domenica.

3) Che ora è?

1. Sono le undici e trenta/mezza.
2. Sono le sette e quarantacinque/sono le otto meno un quarto.
3. È mezzogiorno/mezzanotte e venticinque/sono le dodici e venticinque.
4. Sono le dieci e cinquanta/sono le undici meno dieci.
5. Sono le sei e quindici/un quarto.
6. È mezzogiorno/mezzanotte.

4) Associa le frasi con lo stesso significato.

1c, 2e, 3b, 4f, 5a, 6d.

Unità 4 - AL BAR E AL RISTORANTE

2) Completa le frasi.

1. Scusi, posso avere il menù? Vorrei prendere un dolce.
2. Alla fine del pasto il cameriere porta il conto.
3. Prima di prendere il caffè dobbiamo fare lo scontrino alla cassa.
4. • Che cosa prendi?
    > Bevo un marocchino. E tu?
    • Una spremuta di pompelmo.
5. Vorrei un caffè macchiato, per favore.
6. Il cameriere prende l' ordinazione.

3) Trova gli errori.

1. Per primo prendo degli spaghetti al pomodoro.
2. Cameriere, ci porta il conto, per favore?
3. Buongiorno, abbiamo prenotato un tavolo per due.
4. Cameriere, che vino ci consiglia?
5. Il risotto alla pescatora è una specialità dello chef.
6. Per dolce prendo un tiramisù.

4) Completa le parole.

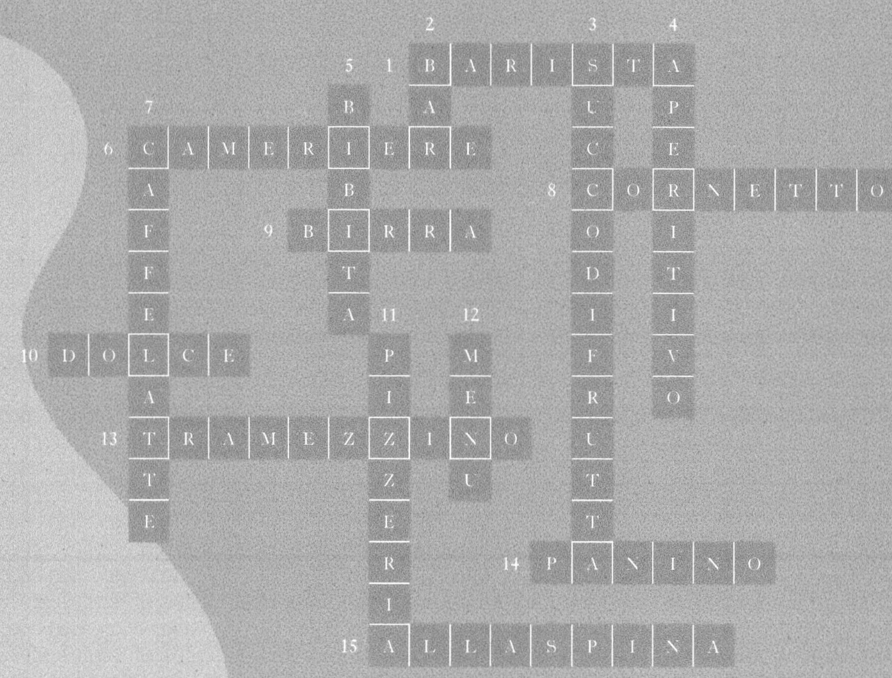

 Unità 5 - IL CARATTERE, LE EMOZIONI E LE SENSAZIONI

1) Trova l'aggettivo corretto per completare la frase.

1f, 2a, 3e, 4b, 5c, 6h, 7d, 8g.

2) Completa le frasi.

1. • Com'è Serena?

   > Lei ha un buon carattere.
2. • Conosci Marco?

   > Sì, lui è molto colto, studia sempre molto.
3. • Cosa pensi di Luca?

   > Ha molte qualità, è intelligente, generoso e divertente.
4. • Federico è estroverso?

   > Sì, lui è allegro, divertente e sempre di buon umore.
5. • Marco è pessimista?

   > No, lui è ottimista, vede sempre il lato positivo delle cose!

3) Scrivi i contrari.

1. bugiardo
2. avaro
3. divertente
4. timido/chiuso
5. dinamico/attivo
6. impulsivo
7. allegro
8. insensibile

5) Completa le frasi.

1. Ho sonno, vado a dormire.
2. Non mi sento per niente bene, forse sono malato.
3. Marco ha appena smesso di fumare e ora è nervoso.
4. Matteo ed Elisa hanno lavorato tutto il giorno e sono stanchi.
5. Marta ha paura dei topi, quando li vede urla!
6. Stefano ha difficoltà con il suo lavoro, è stressato.
7. Sono le 14.00, Paolo non ha ancora mangiato e ha fame.
8. La settimana scorsa Giulia ha conosciuto Giacomo e adesso è innamorata.

6) Trova le parole nascoste.

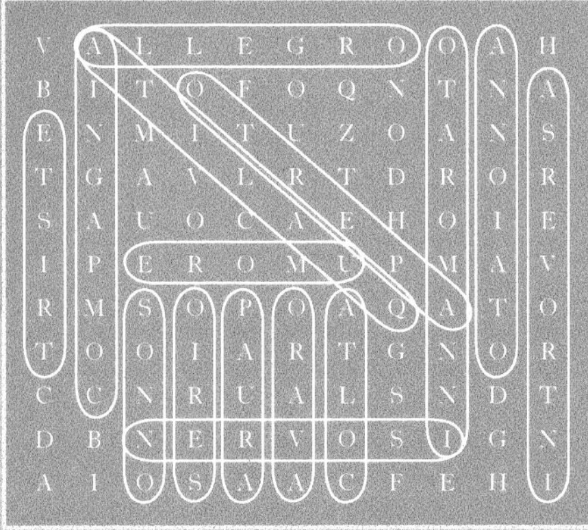

Unità 6 - LA DESCRIZIONE FISICA

1) Trova l'opposto.

1c, 2e, 3a, 4f, 5d, 6b.

2) Completa le frasi.

1. Federico è alto 1,85 m.
2. Luca è biondo con gli occhi azzurri e la carnagione chiara.
3. Laura ha i capelli lunghi e neri.
4. Riccardo è piuttosto grasso, è alto 1,78 m e pesa 73 kg.
5. Il naso di Vittoria è alla francese.
6. Louise viene dall'Irlanda, ha i capelli rossi e gli occhi verdi.

3) Trova gli errori.

1. Simona ha i capelli biondi, la carnagione chiara e sulle guance ha molte lentiggini.
2. Alessandro è alto 1,65 m.
3. Alessia ha il viso rotondo e le orecchie a sventola.
4. Michele non ha capelli, è calvo.
5. Emma è molto magra, il suo peso è di 40 kg.
6. Elisa ha i capelli castani lunghi e porta sempre la coda di cavallo.

1) Completa le frasi.

1. Devo comprare alcune medicine, vado in farmacia.
2. Lucia ha un forte mal di denti e va dal dentista.
3. Marta ha gli occhi rossi e mette il collirio.
4. Serena è un'infermiera e lavora in ospedale.
5. Posso avere un bicchiere d'acqua, per favore? Devo prendere una compressa effervescente.
6. Penso di avere un po' di febbre, devo misurare la temperatura con il termometro.

2) Trova gli errori.

1. Marco ha un forte raffreddore e la febbre alta.
2. Giulia ha la febbre e controlla la temperatura con il termometro.
3. Oggi non vado a scuola, non mi sento bene.
4. Devo prendere lo sciroppo per la tosse.
5. Valerio va dal dentista perché ha mal di denti.
6. Anna è andata in ospedale a fare le analisi del sangue.

3) Abbina le frasi.

1e, 2f, 3b, 4c, 5d, 6a.

4) Trova la risposta giusta.

174

1a, 2b, 3b, 4a, 5b, 6a.

5) Completa le parole.

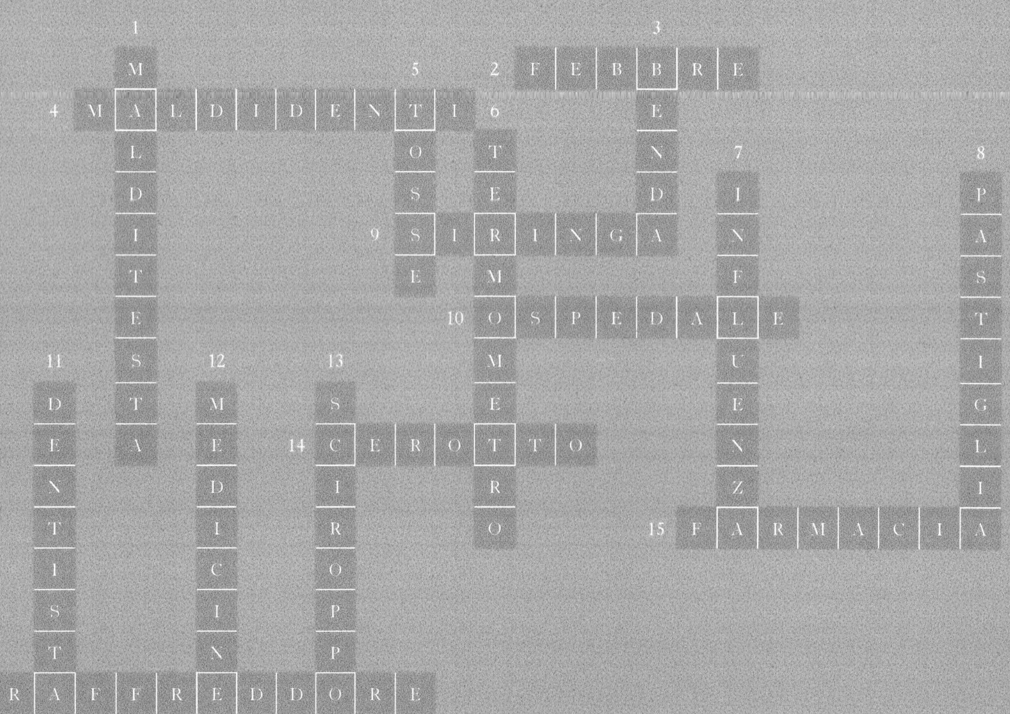

Unità 8 - LA FAMIGLIA E I PERIODI DELLA VITA

1) Osserva l'albero genealogico della famiglia Fabrizi e scrivi i rapporti di parentela.

nonna/nipote; zia/nipote; nipote/zio; genero/suocero; marito/moglie; cognato/cognata; cognato/cognato.

3) Completa le frasi.

1. zia, 2. nonno, 3. sorella, 4. cognata, 5. cugino, 6. nipoti.

4) Scegli la risposta corretta.

1. adulto, 2. bambina, 3. anziano, 4. adolescente, 5. di mezz'età

5) Formula domande adeguate per le seguenti risposte.

1. Quanti anni ha tua sorella?
2. Quando è il compleanno di Marco?/Quando compie gli anni Marco?
3. Quando sei nato?
4. Qual è la tua data di nascita?
5. Quanti anni compie (lui/lei)?

6) Risolvi gli anagrammi.

1. FRATELLO
2. ADOLESCENZA
3. MEZZA ETÀ
4. VECCHIAIA
5. GENITORI
6. ADULTO
7. NEONATO
8. COGNATO
9. COMPLEANNO
10. PARENTI

Unità 9 - LA CASA

2) Completa le frasi.

1. Alle finestre della mia camera ci sono delle tende bianche.
2. Vado in bagno a lavarmi le mani.
3. Serena odia lavare i piatti, così usa sempre la lavastoviglie.
4. L'armadio della mia camera da letto è pieno di vestiti!
5. Il garage del signor Montezemolo è enorme, ci stanno tutte le sue Ferrari!
6. Alle pareti del mio salotto ci sono molti quadri e foto.

3) Trova gli errori.

1. Gli ospiti si siedono in salotto.
2. Pietro non ha molti soldi e vive da solo in un miniappartamento.
3. Intorno alla casa c'è un bellissimo giardino con fiori e piante.
4. • Dov'è il vino?

    > È in cantina, nel seminterrato.
5. Simone è un inquilino e ogni mese deve pagare l'affitto al padrone di casa.
6. Sul pavimento di legno del mio salotto c'è un bellissimo tappeto molto colorato.

4) Abbina la stanza all'arredamento.

Studio: scrivania.
Bagno: doccia, lavabo.
Camera da letto: letto, cassettone, tende.
Salone: divano, tappeto, tavolo, vetrinetta, tende, poltrona.
Cucina: forno, tavolo, frigorifero, lavastoviglie.

6) Trova le parole nascoste.

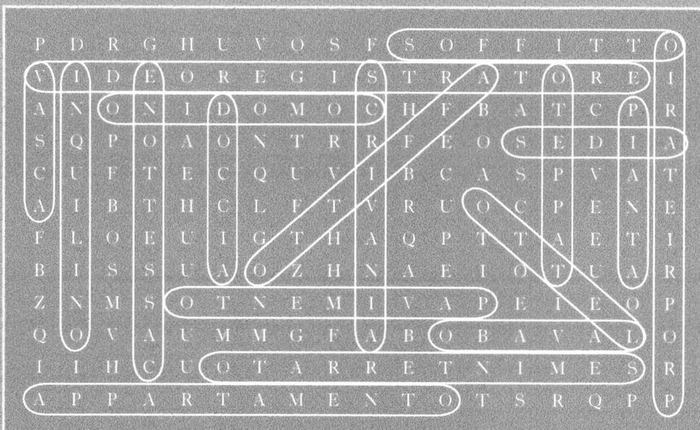

Unità 10 - LE ATTIVITÀ QUOTIDIANE

1) Rispondi alle domande

1. Roberto si sveglia alle 6:30.
2. Appena si sveglia beve un caffè.
3. Roberto inizia a lavorare alle 8:30.
4. Laura fa le pulizie, la spesa e si occupa dei bambini.
5. Dopo il lavoro Roberto si rilassa, fa ginnastica e gioca con i suoi bambini.
6. Roberto di solito guarda la TV o passa la serata con gli amici. Qualche volta esce con sua moglie Laura.

3) Completa le frasi

1. Anna si sveglia tutti i giorni alle 7:00.
2. La mattina io non ho mai fame e non faccio colazione, ma bevo solo un caffè.
3. Giacomo inizia a lavorare alle 8:00 e dopo due ore fa una pausa per il caffè.

4. • Marcolino, ti sei lavato i denti?
   > Sì, mamma, appena ho finito di mangiare!
5. Alessia e Giorgia escono tutte le sere: vanno al cinema, a teatro o in discoteca.
6. Tommaso è un bravissimo uomo di casa: dopo il lavoro va al supermercato e prepara la cena!

4) Trova gli errori e riscrivi il racconto.

La mattinata di Marco
Marco si sveglia alle 7, si fa la doccia, si veste e va in cucina a fare colazione. Subito dopo si lava i denti e si prepara per andare al lavoro. Arriva in ufficio alle 9 e dopo due ore fa una pausa. Beve un caffè con i colleghi e riprende subito il lavoro. Alle 12:30 è l'ora del pranzo.

5) Inserisci le parole.

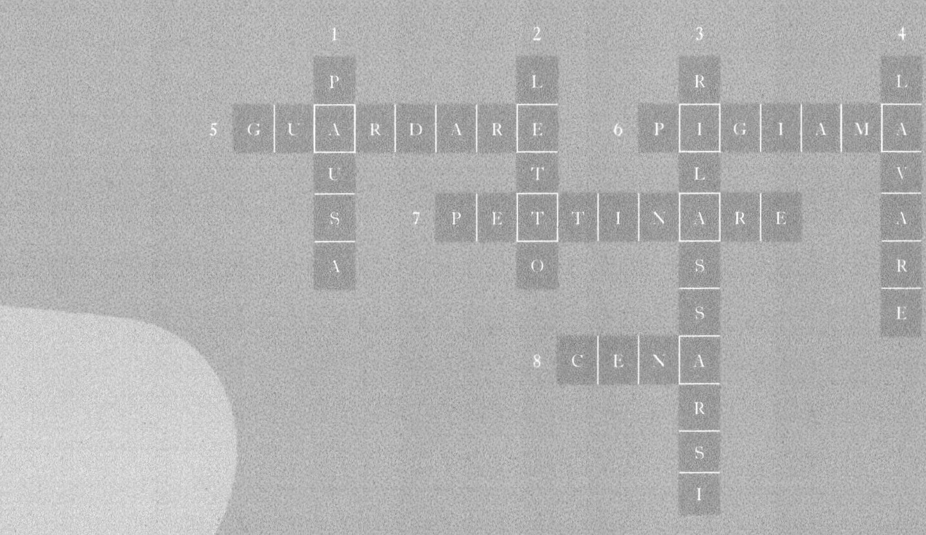

Unità 11 - ESPRESSIONI IDIOMATICHE CON "FARE"

1) Fare...

1. Lucia in vacanza dorme in tenda, fa campeggio.
2. Marco fa le ore piccole, torna a casa sempre dopo le tre di notte.
3. In banca bisogna sempre fare la coda, ci sono sempre molte persone che aspettano.
4. Che bello, quest'anno il 25 aprile è di martedì così possiamo fare il ponte.
5. Devo andare a fare la spesa, ho bisogno del latte e del pane.
6. Finalmente inizia l'America's Cup ed io faccio il tifo per Luna Rossa.
7. Prendo l'aereo fra poche ore e devo ancora fare i bagagli.
8. Ho fatto una bruttissima figura, non ho saputo rispondere a nessuna domanda del professore!

2) Abbina le frasi.

1h, 2n, 3a, 4m, 5p, 6c, 7o, 8d, 9l, 10e, 11q, 12r, 13b, 14i, 15f, 16g.

3) Trova gli errori.

1. Dopo pranzo mi piace riposare e faccio sempre un bel pisolino/sonnellino.
2. In vacanza ho fatto amicizia con Patrick.
3. Sono a secco, non ho più benzina: al prossimo distributore faccio il pieno.
4. Sabato pomeriggio vado a fare un giro in bicicletta.
5. Appena arrivo a casa mi faccio una doccia!
6. Questa mattina ho fatto colazione molto presto, alle 6:30.

4) Risolvi gli anagrammi.

1. PASSEGGIATA
2. DOMANDA
3. PULIZIE
4. CAMPEGGIO
5. MERENDA
6. PIACERE

Unità 12 - CHE TEMPO FA?

2) Completa le frasi.

1. Oggi è una splendida giornata: il cielo è sereno e fa caldo.
2. Come si sta bene, non c'è una nuvola!
3. • Com'è la temperatura a Roma?
   > Oggi fa caldo, ci sono 27 gradi.
4. • Che tempo fa lì in montagna?
   > Qui nevica! Fuori è tutto bianco!
5. Che pioggia, piove a dirotto!
6. Il cielo è nuvoloso/coperto, forse fra poco piove.

4) Cosa pensano queste persone?

1. Che vento che tira!
2. Che freddo, si gela!
3. Che caldo insopportabile!
4. Uffa, come piove!
5. Che splendida giornata!

5) Trova le parole nascoste.

1. temporale, 2. afa, 3. vento, 4. grandine, 5. pioviggina, 6. meteo, 7. freddo, 8. nuvoloso, 9. neve, 10. cielo, 11. gradi, 12. nebbia.

Unità 13 - ESPRIMERE I PROPRI GUSTI

3) Trova l'intruso.

1b, 2b, 3c, 4a.

4) Piace o non piace?

1.	X	
2.		X
3.		X
4.	X	
5.	X	
6.		X
7.		X
8.	X	

Unità 14 - IL TEMPO LIBERO

1) Completa le frasi.

1. Mi piacciono le storie di extraterrestri e guardo film di fantascienza .
2. Valerio vuole essere sempre informato e così ogni giorno legge il quotidiano.
3. Emma adora i fiori e le piante, il giardinaggio è il suo passatempo preferito!
4. Ho appena finito di leggere un bellissimo giallo: l'assassino è il professore!
5. Paola e Andrea amano gli animali e alla TV guardano sempre i documentari.
6. • Che bel quadro, l'hai fatto tu?
   > Sì, mi piace dipingere.
7. • Dov'è Maria?
   > Come al solito davanti alla TV! Alle 14 c'è la sua telenovela preferita. Deve vedere la puntata 856!!!
8. • Porti la macchina fotografica?
   > Naturalmente, lo sai che la fotografia è la mia grande passione!
9. Quando non lavora Maria passa molto tempo in cucina. Per lei cucinare è piacevole e rilassante.
10. Ho due biglietti per andare a vedere l'Aida.

2) Trova gli errori.

1. Il mio passatempo preferito è la lettura. Mi piace leggere libri d'avventura.
2. Ogni mattina leggo il quotidiano.
3. Il sabato vado sempre al cinema a vedere un bel film!
4. Teresa è una ragazza molto romantica e legge sempre romanzi.
5. Anna è una ragazza molto dinamica e fa sempre sport.
6. • Che tipo di musica ascolti?
   > Adoro la musica classica.

4) Risolvi gli anagrammi.

1. GIARDINAGGIO
2. FANTASCIENZA
3. SPIONAGGIO
4. QUOTIDIANO
5. MUSICA CLASSICA
6. RACCONTO
7. TELEVISIONE
8. ROMANZO

5) Trova le parole nascoste.

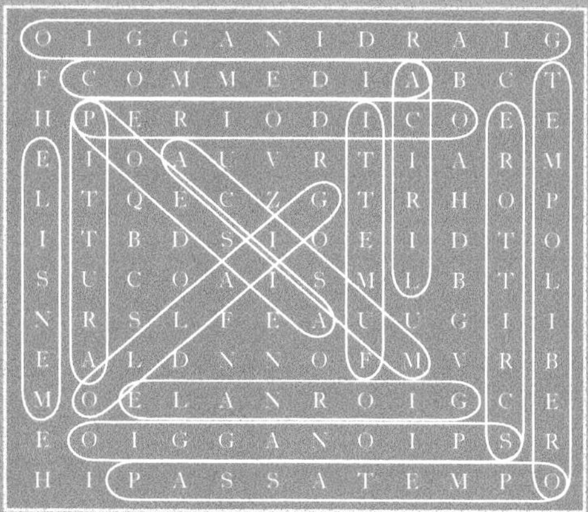

Unità 15 - LA COMUNICAZIONE

1) Completa i dialoghi.

1. • Simona, vieni con me al mare il prossimo fine settimana?
   > Mi dispiace, non posso. Purtroppo vado in montagna con Alberto!

2. • Scusa, mi puoi comprare un biglietto dell'autobus quando esci?
   > Certo!
   • Grazie mille!
   > Di niente.

3. • Cosa fai di bello la prossima estate?
   > Mah, non so, forse vado in Sicilia.

4. • Ti piace l'ultimo film con Monica Bellucci?
   > Sì, lei è molto brava, non credi?
   • Uhm, non sono d'accordo. Più che brava è bella!

5. • Vuoi una fetta di torta?
   > No grazie, sono a dieta.

6. • Ti dispiace accendere l'aria condizionata? Fa caldo!
   > No, la accendo subito.

3) Abbina le frasi con lo stesso significato.

1c, 2f, 3a, 4b, 5d, 6e.

4) Abbina le frasi.

1f, 2d, 3a, 4b, 5c, 6e.

Unità 16 - IL CIBO E LA SPESA

1) Abbina il contenitore all'alimento.

Vasetto: marmellata.
Scatoletta: tonno.
Pacco: biscotti, pasta.
Bottiglia: acqua.
Tubetto: maionese.
Scatola: piselli, pomodori, cioccolatini.

2) Dove compri...?

in edicola: il giornale.
al supermercato: 2 chili di albicocche, 1 etto di prosciutto cotto, 1 pollo, 1 chilo di pomodori, 2 dozzine di uova, 1 litro di latte, mezzo chilo
di salsiccia, 5 chili di patate, un trancio di tonno, un pezzo di parmigiano, 1 chilo di pane casereccio, 3 bistecche di maiale.
al mercato: 2 chili di albicocche, 1 chilo di pomodori, 5 chili di patate
dal fruttivendolo: 2 chili di albicocche, 1 chilo di pomodori, 5 chili di patate
in pescheria: un trancio di tonno
dal salumiere: 1 etto di prosciutto cotto, un pezzo di parmigiano
in macelleria: 1 pollo, mezzo chilo di salsiccia, 3 bistecche di maiale
in pasticceria: una torta di pesche
in panetteria: 1 chilo di pane casereccio
in farmacia: le medicine

3) Trova gli errori.

1. Ho comprato due chili di pesche ben mature.
2. Ho bisogno di comprare del pane, vado in panetteria.
3. Devo comprare un po' di tutto, è meglio andare a fare la spesa al supermercato.
4. Puoi prendermi un tubetto di maionese?
5. Ho una grande passione per il parmigiano, fra i formaggi stagionati è il mio preferito.
6. • Ti piacciono le arance?
    > Sì, gli agrumi sono i miei preferiti.

4) Completa i dialoghi.

1. • Buongiorno signora, desidera?
    > Vorrei 2 chili di pomodori.
    • Ecco a Lei signora, è tutto?
    > Sì, grazie, quanto fa?
    • € 2.
    > Ecco a Lei, arrivederci.
    • ArrivederLa.

2. • Buongiorno signora, desidera?
    > Vorrei 1 etto di prosciutto crudo tagliato sottile, per favore.
    • Certo, signora.
    > Nient'altro?
    • No grazie. Quanto viene/fa?
    > € 2,25.
    • Ecco a Lei, arrivederci.
    > ArrivederLa.

5) Trova le parole nascoste.

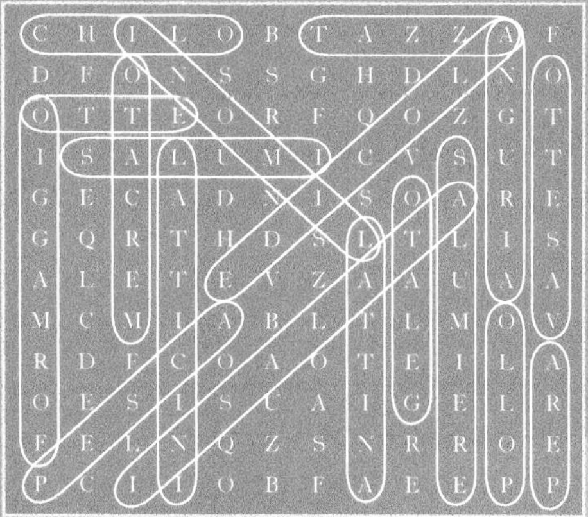

Unità 17 - I PASTI E LA CUCINA

2) Completa le frasi.

1. • È pronto il pollo?
   > No, deve cuocere ancora, è crudo!
2. • Hai già fatto colazione?
   > No, questa mattina non ho avuto tempo. Ora vado a prendere un caffè al bar.
3. Prepariamo la tavola: per prima cosa mettiamo la tovaglia.
4. Ho bisogno di un apribottiglie per aprire la bottiglia di birra.
5. Questa minestra è insipida! Mi passi il sale, per favore?
6. Il pranzo è il pasto più importante.

3) Trova l'opposto dei seguenti aggettivi.

1. insipido
2. amaro
3. cattivo
4. salato
5. cotto

4) Trova gli errori e riscrivi la ricetta.

Insalata caprese
Ingredienti per 4 persone: mezzo chilo di mozzarella di bufala, mezzo chilo di pomodori freschi, origano, olio extra-vergine di oliva, sale, basilico.
Tagliare a fette la mozzarella e i pomodori, mettere in un piatto le fette di pomodoro e coprirle con fette di mozzarella e foglie di basilico. Aggiungere origano e sale. Condire con olio extra-vergine di oliva.

6) Risolvi gli anagrammi.

1. FRULLATORE
2. ARROSTIRE
3. BICCHIERE

4. TOVAGLIOLO
5. FRIGGERE
6. CAFFETTIERA
7. COLAZIONE
8. ANTIPASTO

Unità 18 - L'ABBIGLIAMENTO

1) Completa le frasi.

1. Oggi fa molto caldo, mi metto una maglietta a maniche corte.
2. Buongiorno, posso vedere quella gonna che è in vetrina?
3. Mi piace quella giacca ma è molto cara/costosa, costa € 400!
4. Giulio si veste in modo sportivo, porta sempre i jeans e le scarpe da ginnastica.
5. • Che taglia porta?
    > La 42.
6. Luisa lavora in un negozio di abbigliamento, fa la commessa.

4) Abbina le risposte alle domande.

1d, 2f, 3c, 4e, 5b, 6a.

5) Trova gli errori.

1. Non puoi uscire di casa senza le scarpe!
2. Mi piace vestirmi in modo elegante/classico: camicia, giacca e cravatta sono i miei vestiti preferiti!
3. Che freddo! Mi metto il maglione di lana.
4. • Marco, hai già il pigiama?
    > Sì, sono pronto per andare a letto!
5. Oggi piove, prendiamo l'ombrello.
6. • Ti piace questa maglietta a righe?
    > No, preferisco quella tinta unita.

6) Trova l'opposto.

1. leggero
2. stretto
3. corto
4. a buon prezzo/economico
5. tinta unita
6. sportivo

Unità 19 - LO SPORT

1) Abbina l'attività sportiva al posto in cui praticarla.

1c, 2e, 3f, 4b, 5a, 6d.

2) Fare o giocare?

Fare: aerobica, equitazione, nuoto, paracadutismo, scherma.
Giocare a: calcio, pallavolo, golf, pallanuoto, tennis.

3) Completa le frasi.

1. Vado in piscina tre volte alla settimana, il nuoto è la mia grande passione.
2. Luca è un grande tifoso dell'Inter, va sempre allo stadio per seguire la sua squadra del cuore.
3. Undici giocatori, un pallone ed uno stadio: ecco a voi il calcio!
4. Marco è un ottimo atleta, si allena tutti i giorni.
5. Stefano va pazzo per la Formula 1. La scorsa settimana ha assistito al Gran Premio di Imola.
6. Andrea è un ragazzo molto coraggioso e gli piacciono gli sport estremi.

5) Trova le parole nascoste.

1. pallavolo, 2. stadio, 3. tennis, 4. olimpiadi, 5. calcio, 6. nuoto, 7. giocatore, 8. immersione, 9. paracadutismo, 10. pattinaggio, 11. canoa, 12. barca a vela.

Unità 20 - UN PO' DI GEOGRAFIA

1) Trova l'intruso.

1. Irlanda
2. albero
3. Francia
4. mare
5. Malta
6. montagna

2) Completa le frasi.

1. Questa notte il cielo è chiaro e si vedono la luna e le stelle.
2. Julien è un ragazzo francese, viene da Parigi.
3. L'Italia ha 20 regioni.
4. La Francia è a ovest dell'Italia ma a sud della Gran Bretagna.
5. Stefano ama sciare e va in montagna.
6. L'Australia è il mio Paese preferito, ci vado sempre in vacanza.

3) Trova gli errori e riscrivi il racconto.

Hubert è un ragazzo tedesco, di Berlino, ed è nel nostro Paese per studiare italiano. L'anno scorso è venuto in Italia in vacanza e si è innamorato delle colline della Toscana, così ha deciso di ritornarci. Nella sua classe di italiano ci sono altri ragazzi stranieri: un francese, due ragazze inglesi e una svedese. Il prossimo fine settimana vogliono andare tutti insieme a fare una gita nei prati della Maremma.

4) Risolvi gli anagrammi.

1. GERMANIA
2. OCEANO

3. COLLINA
4. CONTINENTE
5. SARDEGNA
6. INGLESE
7. MONTAGNA
8. PENISOLA
9. GRAN BRETAGNA
10. NAZIONE

5) Inserisci le parole.

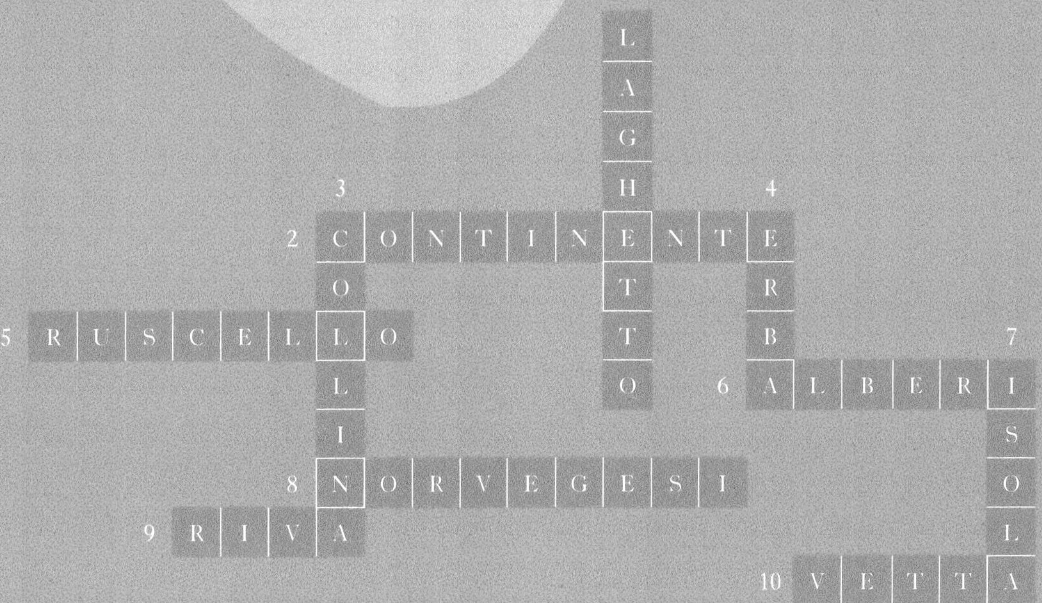

Unità 21 - LA CITTÀ

1) Completa le frasi.

1. Nella piazza principale della mia città c'è una grande fontana con molta acqua.
2. Nel giardino pubblico ci sono molte panchine dove le persone possono sedersi.
3. Ho dimenticato il mio telefono cellulare a casa, devo trovare una cabina telefonica.
4. Marco, non attraversare adesso la strada, il semaforo è rosso!
5. Mi scusi, a quale fermata devo scendere per il Museo dell'Automobile?
6. • Simone perché sei così arrabbiato?
   > Il vigile mi ha appena dato una multa!

2) Trova gli errori.

1. Non mi piace guidare la macchina nell'ora di punta!
2. Scusi, c'è una banca qui vicino?
3. Devi attraversare sulle strisce pedonali!
4. Scusi, c'è un mezzo che va in centro?
5. Marina va in edicola a comprare un biglietto per l'autobus.
6. Buongiorno, mi può dire dov'è la Mole Antonelliana?

4) Elimina l'intruso.

1. tassì
2. marciapiede
3. tram
4. municipio
5. semaforo
6. incrocio

6) Trova le parole nascoste.

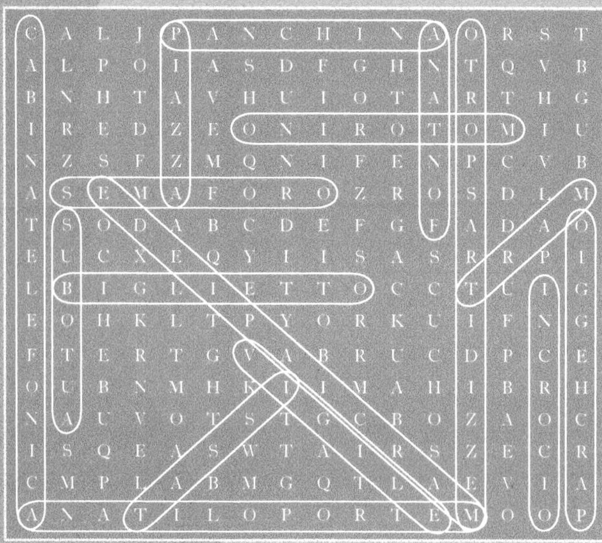

Unità 22 - LE VACANZE

1) Completa le frasi.

1. Non amo i viaggi costosi, scelgo sempre la seconda classe.
2. Claudia è un'appassionata d'arte e preferisce le vacanze culturali.
3. Marta ha paura di volare e non viaggia mai in aereo.
4. La vacanza ideale per stare a contatto con la natura e mangiare la cucina tipica è in agriturismo.
5. I bambini adorano andare al mare perché possono fare i castelli di sabbia.
6. Non prendere così tanto sole, stai sotto l'ombrellone!

2) Elimina l'intruso.

1. scarponi
2. maschera
3. zaino
4. aereo
5. barca
6. occhiali da sole

3) Trova gli errori.

1. Sono andata in spiaggia e ho preso il sole.
2. Oggi è una bellissima giornata e c'è molto sole. È meglio mettere gli occhiali da sole.
3. Pinne e maschera sono necessarie per fare un'immersione.
4. Quando vado in spiaggia mi piace raccogliere conchiglie.
5. Non mi piacciono i viaggi fai da te, ma preferisco le visite guidate.
6. Le mie vacanze preferite sono quelle in campeggio, adoro dormire in tenda!

5) Completa le parole.

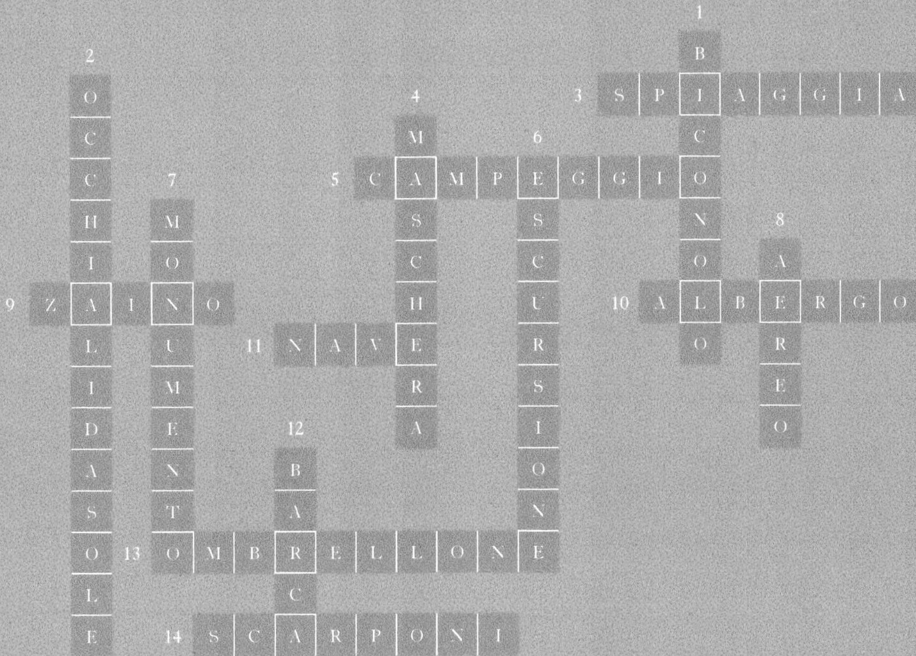

ESERCIZI DI RICAPITOLAZIONE

1) Scrivi il nome sotto le figure.

1. lo zaino; 2. il panino; 3. la poltrona; 4. la bottiglia; 5. il pomodoro; 6. la maglietta; 7. il ponte; 8. il cameriere.

2) Trova gli errori.

1. esercizio
2. forchetta
3. montagna
4. pioggia
5. raffreddore
6. barista
7. semaforo
8. quaderno
9. albicocca
10. genitori

3) Quali verbi del riquadro sono rappresentati in figura?

1. svegliarsi
2. cucinare
3. fare la spesa
4. ascoltare la musica
5. farsi la doccia
6. guidare
7. prendere il sole
8. nuotare

4) Risolvi gli anagrammi.

1. NOVEMBRE
2. DORMIRE
3. PIZZERIA
4. SCIARE
5. APPARTAMENTO
6. INFLUENZA
7. FONTANA
8. TEDESCO
9. COLAZIONE
10. IMPARARE

5) Completa le parole.

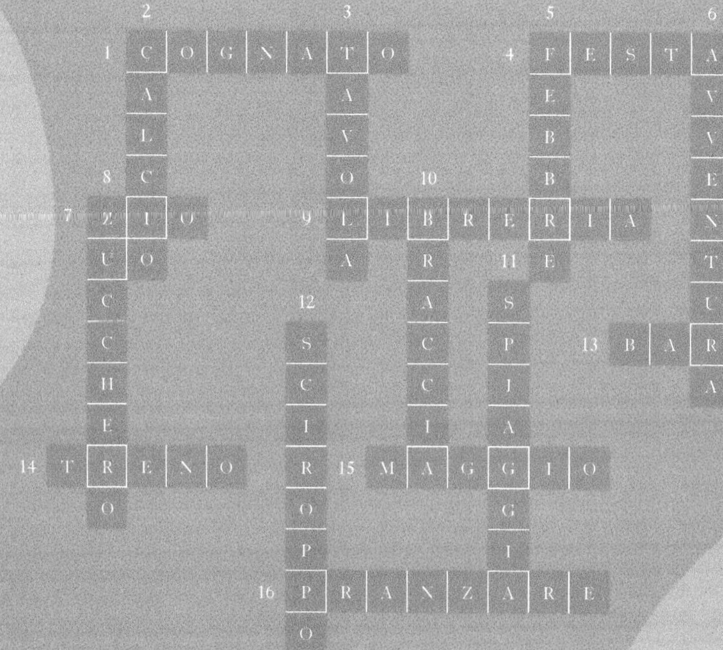

6) Trova la risposta giusta.

1. arancia, 2. vestirsi, 3. alzarsi, 4. raffreddore, 5. turista, 6. scrivere, 7. camicia, 8. capelli.

7) Trova le parole nascoste.

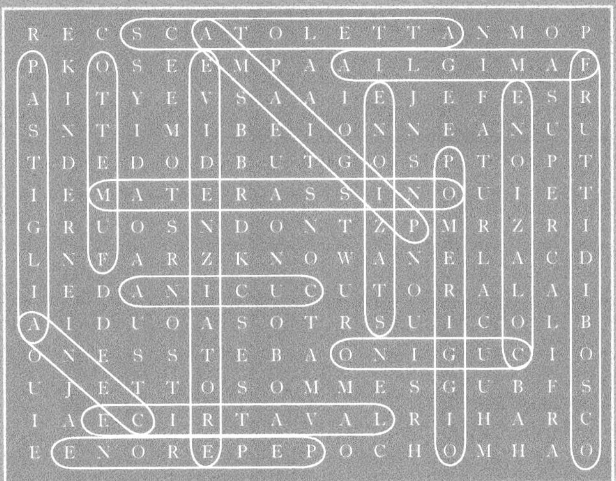

8) Elimina l'intruso.

1. cerotto
2. occhiali
3. neve
4. ghiaccio
5. chiacchiere
6. mercoledì
7. lavoro
8. pizzetta
9. treno
10. campagna

9) Trova le parole nascoste.

1. appartamento, 2. formaggio, 3. vacanza, 4. nuotare, 5. pettinarsi, 6. vasca, 7. strada, 8. vento, 9. pranzo, 10. campeggio, 11. antipasto, 12. pastiglia.

10) Completa le frasi.

1. • Come bevi il caffè ?
   > Mi piace macchiato.
2. • Ti piace giocare a tennis?
   > Sì, è il mio sport preferito!
3. Sto male, ho la febbre alta.
4. Scusi, può parlare più lentamente? Non capisco.
5. Che freddo, si gela!
6. Gianni è un ragazzo molto timido, ha sempre difficoltà a fare amicizia.

Note

Finito di stampare nel mese di Novembre 2019
da *Lego Digit* – Lavis (TN)
per conto di Guerra Edizioni Edel srl – Perugia